TÍTULOS DE INGLÉS MARÍA GARCÍA

- Inglés de una Vez
- Aprende Inglés Deprisa
- 1000 Palabras Clave
- Inglés Móvil
- 100 Clases para Dominar el Inglés

- El Desafío del Inglés
- Inglés SMS
- Ciudadanía Americana
- Pronunciación Fácil: Las 134 Reglas del inglés Americano
- Inglés Para Hacer Amigos

- Inglés para Redes Sociales
- Inglés en la Escuela
- Inglés para Pacientes
- Habla Sin Acento

- Inglés de Negocios
- Inglés para Viajar
- Inglés para el Auto
- Aprende Inglés con los Famosos

Acceda al contenido adicional de este libro en
www.MariaGarcia.us

Ciudadanía Americana ¡Súper Fácil!
Fotografías de cubierta: © Designed by Nensuria / Freepik.

1ra. edición: Agosto 2022
© American Book Group
www.AmericanBookGroup.com
info@trialtea.com

Queda rigurosamente prohibida, sin autorización escrita de los titulares del copyright, bajo las sanciones establecidas por las leyes, la reproducción total o parcial de esta obra por cualquier medio o procedimiento, comprendidos la reprografía, el tratamiento informático así como la distribución de ejemplares de la misma mediante alquiler o préstamo públicos.

ISBN: 978-1-68165-579-6
Library of Congress Control Number: 2022943704

La editorial no se responsabiliza por los sitios Web (o su contenido) que no son propiedad de la misma.

Impreso en Estados Unidos

CIUDADANÍA AMERICANA ¡SÚPER FÁCIL!

Aprenda y practique las preguntas y respuestas de educación cívica del Examen de Naturalización, en inglés y español.

www.MariaGarcia.us

Este curso en formato LibroWEB con Curso Online le ofrece un novedoso sistema de aprendizaje:

1) el libro con los textos del programa de estudios y

2) el curso online compañero en la web con los contenidos audiovisuales e interactivos: audios, videos, ejercicios y actividades en línea.

No estudiará solo: nuestros maestros le acompañarán respondiendo todas sus consultas y guiándole a lo largo del curso.

/MariaGarciaTuGuiaLatina
mariagarcia@trialtea.com

INTRODUCCIÓN

Proceso para obtener la ciudadanía americana

También llamado examen de naturalización, el examen de ciudadanía de los EE. UU. es un examen que casi todos los que quieren convertirse en ciudadanos de los Estados Unidos deben tomar. La prueba cubre su conocimiento de **educación cívica** y del **idioma inglés**, e involucra hablar, leer y escribir. En este libro y su web compañera encontrará todo lo que necesita saber para superar con éxito su examen de naturalización.

Aunque muchas personas esperan sentarse en un escritorio, sacar un lápiz y comenzar la prueba, no es exactamente así como funciona: el examen es una parte integrada de su entrevista de naturalización.

Educación cívica

La parte de educación cívica del examen de ciudadanía cubre una variedad de preguntas sobre la historia de los EE. UU. y cómo funciona el gobierno. También se le pueden hacer preguntas sobre derechos, responsabilidades y otros aspectos de la ciudadanía estadounidense.

Usted no tiene que adivinar qué preguntas enfrentará durante su entrevista de inmigración. De hecho, el USCIS tiene una lista completa de las preguntas que un oficial de inmigración puede hacerle en su sitio web. En este libro, conocerá todas las posibles preguntas (son 100) y sus correspondientes respuestas. Los funcionarios de USCIS no le harán preguntas que no estén en esa lista.

El funcionario de USCIS le hará hasta diez preguntas. Debe acertar seis de ellas. Por lo general, tan pronto como obtiene seis respuestas correctas, ya no le hará más preguntas. No es necesario seguir preguntando, porque solo necesita seis respuestas correctas para aprobar.

Dominio del inglés

La parte de inglés de la prueba de ciudadanía de EE. UU. implica:

- **Hablar y entender inglés:** durante su entrevista, el oficial del Servicio de Ciudadanía e Inmigración de los Estados Unidos (USCIS) que lo entreviste evaluará qué tan bien habla y entiende inglés durante la propia conversación que mantenga con el oficial.
- **Lectura:** el funcionario del USCIS que lo entreviste le pedirá que lea una frase escrita en inglés. Debe leer correctamente al menos una de tres frases para mostrarle al funcionario del USCIS que sus habilidades de lectura en inglés son suficientes.
- **Escritura:** el funcionario del USCIS le pedirá que escriba una frase para demostrar que puede escribir en inglés. Debe escribir correctamente al menos una de tres frases.

*Nota: si lee y escribe correctamente la primera frase, no tendrá que leer ni escribir las otras dos.

¿Qué sucede si no aprueba el examen de ciudadanía estadounidense?

Si reprueba cualquiera de las partes de la prueba de ciudadanía, la parte de educación cívica o de inglés, no es el fin del mundo. Puede volver a tomar una vez más la parte que no haya superado. Pero, ojo, solo puede reprobar la prueba dos veces. Si falla dos veces, USCIS denegará su solicitud de naturalización. Eso significa que debe volver a solicitar la naturalización, comenzando desde el principio.

Exenciones y excepciones para la prueba de ciudadanía de EE. UU.

Aunque la mayoría de las personas deben tomar el examen de ciudadanía, algunas personas están exentas. Eso significa que no tienen que tomar la prueba (o una parte de la prueba) en absoluto. Otras personas tienen excepciones, como que se les permita usar un intérprete. En nuestro libro conocerá todas las exenciones y excepciones.

¿Qué más debe saber sobre su entrevista de naturalización?

Lo más probable es que el funcionario del USCIS que realice su entrevista le hable sobre su solicitud y le haga otras preguntas que no están relacionadas con la prueba. Algunas de las preguntas pueden involucrar qué tan apegado está usted a los principios e ideales de la Constitución de los EE. UU., dónde vive y las respuestas que proporcionó en su solicitud de naturalización.

¿Cuándo será ciudadano estadounidense?

La entrevista de naturalización es casi su última parada en el camino hacia la ciudadanía. Después de completar su entrevista y aprobar su prueba de ciudadanía, el USCIS programará su juramento de lealtad. La mayoría de las personas hacen el Juramento de Lealtad durante una ceremonia en la misma oficina local de USCIS donde se entrevistaron. Antes de que se lleve a cabo esa ceremonia, oficiales del USCIS recogerán su *green card* (tarjeta verde). Luego, usted tomará el Juramento de Lealtad a los Estados Unidos y recibirá su certificado de naturalización.

En ese momento, usted será oficialmente un ciudadano de los EE. UU. y no tendrá que realizar más pruebas ni presentar más solicitudes. Simplemente, puede comenzar a disfrutar de los nuevos derechos y responsabilidades que vienen con la ciudadanía estadounidense.

CIUDADANÍA AMERICANA ¡SÚPER FÁCIL!

Aprenda y practique las preguntas y respuestas de educación cívica del Examen de Naturalización, en inglés y español.

PARTE 1 _____ PÁG. 8
Aprenda y comprenda las preguntas y respuestas de educación cívica del Examen de Naturalización.
En inglés y español.

PARTE 2 _____ PÁG. 110
Practique las preguntas y respuestas de educación cívica del Examen de Naturalización.
En inglés y español.

PARTE 3 _____ PÁG. 156
Conozca la estructura del Examen de inglés.

PARTE 1

Aprenda y comprenda las preguntas y respuestas de educación cívica del Examen de Naturalización.
En inglés y español.

A continuación encontrará 100 preguntas y respuestas de educación cívica (historia y gobierno de EE.UU.) del examen de naturalización. El examen de educación cívica es un examen oral durante el cual el oficial de USCIS le hará 10 de estas 100 preguntas. El solicitante debe contestar correctamente 6 de las 10 preguntas para aprobar la sección de educación cívica del examen de naturalización.

En el examen de naturalización, algunas respuestas varían y pueden cambiar por motivo de elecciones o nombramientos. Los solicitantes deben tener conocimiento de las respuestas actuales a estas preguntas. Los solicitantes deben contestar estas preguntas con el nombre del oficial o funcionario que sirve en el puesto al momento de su entrevista con USCIS. El oficial de USCIS no aceptará una respuesta equivocada.

Aunque USCIS reconoce que podría haber otras respuestas correctas a las 100 preguntas sobre educación cívica, recomendamos al solicitante responder usando las respuestas que se proveen aquí.

[65/20] Preguntas para la Exención 65/20: si usted tiene 65 años o más y ha sido residente permanente legal de los Estados Unidos por 20 años o más, usted sólo necesita estudiar las preguntas marcadas con un asterisco ([65/20]). Existen otras excepciones y modificaciones de los requisitos de naturalización disponibles para las personas elegibles. USCIS también provee arreglos para las personas con discapacidades. Conozca más en **www.MariaGarcia.us**

Las 100 preguntas del Examen de Naturalización están divididas en 3 grandes temas, cada uno subdividido en 3 secciones a su vez.

1) **Gobierno estadounidense (preguntas 1 a 57)**
    A: Principios de la democracia estadounidense (preguntas 1 a 12)
    B: Sistema de gobierno (preguntas 13 a 47)
    C: Derechos y responsabilidades (preguntas 48 a 57)
2) **Historia estadounidense (preguntas 58 a 87)**
    A: Época colonial e independencia (preguntas 58 a 70)
    B: Los años 1800 (preguntas 71 a 77)
    C: Historia estadounidense reciente y otra información histórica importante (preguntas 78 a 87)
3) **Educación cívica integrada (preguntas 88 a 100)**
    A: Geografía (preguntas 88 a 95)
    B: Símbolos (preguntas 96 a 98)
    C: Días feriados (preguntas 99 y 100)

1) **American Government (questions 1 thru 57)**
    A: Principles of American Democracy (questions 1 a 12)
    B: System of Government (questions 13 a 47)
    C: Rights and Responsibilities (questions 48 a 57)
2) **American History (questions 58 a 87)**
    A: Colonial Period and Independence (questions 58 a 70)
    B: 1800s (questions 71 a 77)
    C: Recent American History and Other Important Historical Information (questions 78 a 87)
3) **Integrated Civics (questions 88 a 100)**
    A: Geography (questions 88 a 95)
    B: Symbols (questions 96 a 98)
    C: Holidays (questions 99 y 100)

PREGUNTAS Y RESPUESTAS DE EDUCACIÓN CÍVICA

LECCIÓN DE CIUDADANÍA **1**

What is the supreme law of the land?

The Constitution.

¿Cuál es la ley suprema de la nación?
La Constitución.

La Constitución es la ley suprema de la nación, por lo que las demás leyes han de seguirla.
La Constitución es un documento que se elaboró tras la Guerra de la Independencia, cuando se necesitaron nuevas normas para regir el país. Los Padres Fundadores se reunieron en la llamada Convención Constitucional, en Filadelfia, donde la redactaron en 1787.

**CIUDADANÍA AMERICANA
¡SÚPER FÁCIL!**

LECCIÓN DE CIUDADANÍA 2

What does the Constitution do?
*Sets up the government /
Defines the government /
Protects basic rights of Americans.*

*¿Qué hace la Constitución?
Establece el gobierno / Define el gobierno /
Protege los derechos básicos de los ciudadanos.*

La Constitución establece el gobierno y sus órganos (ejecutivo, legislativo y judicial), define la función de cada uno de ellos y protege las libertades y los derechos básicos de los ciudadanos, como la libertad de expresión.

PREGUNTAS Y RESPUESTAS DE EDUCACIÓN CÍVICA

> LECCIÓN DE CIUDADANÍA 3

The idea of self-government is in the first three words of the Constitution. What are these words?

We, the People.

Las primeras tres palabras de la Constitución contienen la idea de la autodeterminación (de que el pueblo se gobierna a sí mismo). ¿Cuáles son estas palabras? Nosotros, el Pueblo.

Nosotros, el Pueblo (We, the People) son las tres primeras palabras de la Constitución, contemplando así la idea de autogobierno. De esta manera, los ciudadanos de los Estados Unidos son quienes eligen a sus representantes para el gobierno, que, a su vez, es quien se ocupa de elaborar las leyes que rigen el país.

**CIUDADANÍA AMERICANA
¡SÚPER FÁCIL!**

LECCIÓN DE
CIUDADANÍA 4

What is an amendment?
A change (to the Constitution) / An addition (to the Constitution).

¿Qué es una enmienda?
Un cambio (a la Constitución) /
Una adición (a la Constitución).

Una enmienda es todo aquel cambio, sea eliminación o añadidura de texto, que afecta a un documento ya existente. En el caso que nos ocupa, es todo cambio que afecta a la Constitución tras haber sido redactada.

PREGUNTAS Y RESPUESTAS DE EDUCACIÓN CÍVICA

> LECCIÓN DE CIUDADANÍA 5

What do we call the first ten amendments to the Constitution?
The Bill of Rights.

¿Con qué nombre se conocen las primeras diez enmiendas a la Constitución?
La Carta de Derechos.

Las diez primeras enmiendas a la Constitución fueron ratificadas conjuntamente y se conocen como La Carta de Derechos, que sirve para proteger los derechos naturales de la libertad y la propiedad, así como para garantizar una serie de libertades personales, limitar el poder del gobierno en ciertos procedimientos, como los judiciales, y reservar algunos poderes a los estados y los ciudadanos.

**CIUDADANÍA AMERICANA
¡SÚPER FÁCIL!**

LECCIÓN DE
CIUDADANÍA 6   ✱ 65/20

What is one right or freedom from the First Amendment?

Speech, religion, assembly, press, petition the government.

¿Cuál es un derecho o libertad que la Primera Enmienda garantiza?
Expresión, religión, reunión, prensa, peticionar al gobierno.

Por medio de la Primera Enmienda se garantizan a los ciudadanos el derecho a expresarse con libertad, a profesar cualquier credo religioso, a reunirse o asociarse, protestar, manifestarse o expresar sus opiniones de una manera no violenta, a publicar sus propios periódicos o revistas, noticias u opiniones, o a apelar al gobierno a favor o en contra de políticas que les afecten, apoyar una causa de interés y presionar a las entidades legislativas a favor o en contra de alguna ley.

PREGUNTAS Y RESPUESTAS DE EDUCACIÓN CÍVICA

> LECCIÓN DE CIUDADANÍA 7

How many amendments does the Constitution have?

Twenty-seven (27).

¿Cuántas enmiendas tiene la Constitución?
Veintisiete (27).

Desde su aprobación en 1787, la Constitución ha tenido veintisiete enmiendas. Para realizar una enmienda se siguen dos pasos. En primer lugar la propuesta ha de tener el apoyo de, al menos, dos tercios de los miembros del Congreso (de la Cámara de Representantes y del Senado). Posteriormente se precisa la ratificación de la enmienda propuesta, que necesita ser aprobada por tres cuartos de los estados o un voto mayoritario de las legislaturas estatales. De las 27 enmiendas, las 10 primeras fueron ratificadas conjuntamente y se conocen como la Carta de Derechos, mientras que las 17 restantes fueron ratificadas posteriormente.

**CIUDADANÍA AMERICANA
¡SÚPER FÁCIL!**

LECCIÓN DE
CIUDADANÍA 8

What did the Declaration of Independence do?

Announced our independence (from Great Britain) / Declared our independence (from Great Britain) / Said that the United States is free (from Great Britain).

*¿Qué hizo la Declaración de Independencia?
Anunció nuestra independencia (de Gran Bretaña) / Declaró nuestra independencia (de Gran Bretaña) / Dijo que los Estados Unidos se independizaron (de Gran Bretaña).*

La Declaración de Independencia es un documento de suma importancia para los estadounidenses. En el siglo XVIII los colonos argumentaron que Gran Bretaña no respetaba sus derechos, razón por la que deseaban liberarse de dicho país y declarar su independencia. La Declaración de Independencia fue escrita por Thomas Jefferson y adoptada el 4 de julio de 1776; por este motivo los estadounidenses celebran el Día de la Independencia el 4 de julio.

PREGUNTAS Y RESPUESTAS DE EDUCACIÓN CÍVICA

> LECCIÓN DE CIUDADANÍA 9

What are two rights in the Declaration of Independence?
Life, liberty, pursuit of happiness.

¿Cuáles son dos de los derechos en la Declaración de Independencia?
La vida, la libertad, la búsqueda de la felicidad.

En la Declaración de Independencia se afirma que "todos los hombres son creados iguales" y recoge tres derechos como fundamentales: el derecho a la vida, a la libertad y a la búsqueda de la felicidad.

**CIUDADANÍA AMERICANA
¡SÚPER FÁCIL!**

> LECCIÓN DE CIUDADANÍA 10

What is freedom of religion?
You can practice any religion, or not practice a religion.

*¿En qué consiste la libertad de religión?
Se puede practicar cualquier religión
o no tener ninguna.*

Por medio de la libertad de culto o religión se prohíbe que se promulgue ley alguna con respecto a la adopción de una religión a nivel estatal o nacional, así como se garantiza que los ciudadanos tienen derecho a la práctica del culto religioso que prefieran, o a no profesar ningún culto.

PREGUNTAS Y RESPUESTAS DE EDUCACIÓN CÍVICA

LECCIÓN DE CIUDADANÍA 11 ✱ 65/20

What is the economic system in the United States?

Capitalist economy / Market economy.

¿Cuál es el sistema económico de los Estados Unidos?
Economía capitalista / Economía del mercado.

La economía capitalista es un sistema económico basado en la propiedad privada del capital, en el que cada persona tiene derecho a invertir dinero, trabajar en negocios privados o comprar y vender, sin restricciones por parte del estado.

**CIUDADANÍA AMERICANA
¡SÚPER FÁCIL!**

> **LECCIÓN DE
> CIUDADANÍA 12**

What is the "rule of law"?
Everyone must follow the law. /
Leaders must obey the law. /
Government must obey the law. /
No one is above the law.

*¿En qué consiste el "estado de derecho" (ley y orden)?
Todos deben obedecer la ley. / Los líderes tienen que
obedecer la ley. / El gobierno debe obedecer la ley. /
Nadie está por encima de la ley.*

El estado de derecho es aquel en el que ningún ciudadano está por encima de la ley y todos, incluido el gobierno, están sometidos a los dictados de la misma. Un estado de derecho opera por un sistema de leyes ordenadas en torno a una constitución, que organiza y fija límites al gobierno y garantiza los derechos de las personas.

PREGUNTAS Y RESPUESTAS DE EDUCACIÓN CÍVICA

LECCIÓN DE CIUDADANÍA 13 ✱ 65/20

Name one branch or part of the government.

Congress / Legislative; President / Executive; Courts / Judicial

Nombre una rama o parte del gobierno.
Congreso / Poder legislativo; Presidente / Poder ejecutivo; Los tribunales / Poder judicial.

El gobierno de los Estados Unidos está formado por tres órganos: el ejecutivo, el legislativo y el judicial. Cada una de estas ramas tiene un papel esencial en la función del gobierno y fueron establecidas en los artículos 1 (legislativo), 2 (ejecutivo) y 3 (judicial) de la Constitución de los Estados Unidos.

**CIUDADANÍA AMERICANA
¡SÚPER FÁCIL!**

LECCIÓN DE
CIUDADANÍA 14

What stops one branch of government from becoming too powerful?
Checks and balances / Separation of powers.

¿Qué es lo que hace que una rama del gobierno no se vuelva demasiado poderosa?
Pesos y contrapesos / Separación de poderes.

Los órganos legislativo, ejecutivo y judicial son distintas ramas del gobierno de la nación, que, aunque son poderes separados (la denominada "separación de poderes"), ninguna rama tiene más poder que las demás, equilibrándose unas a otras.

PREGUNTAS Y RESPUESTAS DE EDUCACIÓN CÍVICA

LECCIÓN DE CIUDADANÍA 15

Who is in charge of the executive branch?

The President.

¿Quién está a cargo de la rama ejecutiva?
El Presidente.

Dicho poder ejecutivo lo conforman el Presidente, el Vicepresidente y 15 departamentos, como el de Estado, Defensa, Interior, Transporte y Educación. El Presidente es la cabeza del poder ejecutivo y, como tal, tiene muchas responsabilidades. Él elige al Vicepresidente y a los miembros de su gabinete, que estarán al mando de los respectivos departamentos. Una de las funciones fundamentales del poder ejecutivo es asegurar que las leyes se llevan a cabo y hacer cumplir las responsabilidades del gobierno federal, como la recaudación de impuestos, la seguridad nacional y la representación de los intereses políticos y económicos de los Estados Unidos en el mundo.

CIUDADANÍA AMERICANA
¡SÚPER FÁCIL!

LECCIÓN DE
CIUDADANÍA 16

Who makes federal laws?
The Congress / Senate and House (of Representatives) / (U.S. or national) legislative.

¿Quién crea las leyes federales?
El Congreso / El Senado y la Cámara (de Representantes) / La legislatura (nacional o de Estados Unidos).

El Congreso, formado por el Senado y la Cámara de Representantes, es el encargado de elaborar las leyes federales. Los congresistas pueden proponer una idea para una nueva ley. Es lo que se denomina "proyecto de ley". Tras la aprobación del mismo por las dos cámaras, el proyecto llega al Presidente. Si está de acuerdo con él, lo firma y se convierte en ley; si no está de acuerdo con él, puede vetarlo y, en tal caso, el Congreso puede decidir votarlo de nuevo para anular el veto. El Congreso también puede realizar cambios en el proyecto de ley y enviarlo de nuevo al Presidente para su aprobación.

PREGUNTAS Y RESPUESTAS DE EDUCACIÓN CÍVICA

LECCIÓN DE CIUDADANÍA 17 ✱ 65/20

What are the two parts of the U.S. Congress?

The Senate and House (of Representatives).

¿Cuáles son las dos partes que integran el Congreso de los Estados Unidos?
El Senado y la Cámara de Representantes.

El Congreso de los Estados Unidos, órgano encargado de elaborar las leyes federales, está formado por dos instituciones: el Senado y la Cámara de Representantes. Su sede se encuentra en el edificio del Capitolio, en Washington D.C.

**CIUDADANÍA AMERICANA
¡SÚPER FÁCIL!**

LECCIÓN DE
CIUDADANÍA 18

How many U.S. Senators are there?
One hundred (100).

*¿Cuántos senadores de los Estados Unidos hay?
Cien (100).*

El Senado de los EEUU está compuesto por 100 miembros: dos senadores por cada uno de los 50 estados. Los senadores representan a toda la población de cada estado.
El Senado está presidido por el Vicepresidente de los Estados Unidos, quien asiste a ceremonias importantes y vota en caso de empate.

**PREGUNTAS Y RESPUESTAS
DE EDUCACIÓN CÍVICA**

LECCIÓN DE
CIUDADANÍA 19

We elect a U.S. Senator for how many years?

Six (6).

*¿De cuántos años es el término de elección
de un senador de los Estados Unidos?
Seis (6).*

Los senadores son elegidos para un período de seis años y no hay límite de mandatos para los que pueden ser reelegidos.
Para optar como candidato al Senado se precisa cumplir una serie de requisitos:
   a) Ser mayor de 30 años.
   b) Ser ciudadano de EEUU durante, al menos, 9 años.
   c) Residir en el estado por el que se presenta como candidato.

CIUDADANÍA AMERICANA
¡SÚPER FÁCIL!

LECCIÓN DE
CIUDADANÍA 20 ✱ 65/20

Who is one of your state's U.S. Senators now?

Answers will vary. [District of Columbia residents and residents of U.S. territories should answer that D.C. (or the territory where the applicant lives) has no U.S. Senators].

Nombre a uno de los senadores actuales del estado donde usted vive.
Las respuestas variarán. [Los residentes del Distrito de Columbia y los territorios de los Estados Unidos deberán contestar que el D.C. (o territorio en donde vive el solicitante) no cuenta con senadores a nivel nacional].

En este caso habría que responder con el nombre de alguno de los senadores que representen al estado en cuestión en ese momento.

Visite **www.MariaGarcia.us** para encontrar los nombres de los senadores estadounidenses de su estado.

PREGUNTAS Y RESPUESTAS DE EDUCACIÓN CÍVICA

> LECCIÓN DE CIUDADANÍA 21

The House of Representatives has how many voting members?
Four hundred thirty-five (435).

¿Cuántos miembros votantes tiene la Cámara de Representantes?
Cuatrocientos treinta y cinco (435).

La Cámara de Representantes cuenta con 435 miembros votantes, representando cada uno de ellos a un área de un estado, llamado distrito. La Cámara está presidida por el "Speaker", que es quien asumiría la presidencia del país en caso de incapacidad del Presidente y del Vicepresidente.

**CIUDADANÍA AMERICANA
¡SÚPER FÁCIL!**

> LECCIÓN DE
> CIUDADANÍA 22

We elect a U.S. Representative for how many years?

Two (2).

¿De cuántos años es el término de elección de un representante de los Estados Unidos?
Dos (2).

Los representantes de la Cámara son elegidos para un período de dos años y no hay límite de mandatos para los que pueden ser reelegidos.
Para optar como candidato a la Cámara de Representantes se precisa cumplir una serie de requisitos:
 a) Ser mayor de 25 años.
 b) Ser ciudadano de EEUU durante, al menos, 7 años.
 c) Residir en el estado por el que se presenta como candidato.

PREGUNTAS Y RESPUESTAS DE EDUCACIÓN CÍVICA

> LECCIÓN DE CIUDADANÍA 23

Name your U.S. Representative.

Answers will vary. [Residents of territories with nonvoting Delegates or Resident Commissioners may provide the name of that Delegate or Commissioner. Also acceptable is any statement that the territory has no (voting) Representatives in Congress].

Dé el nombre de su representante a nivel nacional. Las respuestas variarán. [Los residentes de territorios con delegados no votantes o comisionados residentes pueden decir el nombre de dicho delegado o comisionado. Una respuesta que indica que el territorio no tiene representantes votantes en el Congreso también es aceptable].

En este caso habría que responder con el nombre del representante del distrito en el cual se resida en ese momento.

Visite **www.MariaGarcia.us** para encontrar el nombre de su representante estadounidense.

**CIUDADANÍA AMERICANA
¡SÚPER FÁCIL!**

LECCIÓN DE CIUDADANÍA 24

Who does a U.S. Senator represent?
All people of the state.

¿A quiénes representa un senador de los Estados Unidos?
Todas las personas del estado.

Un senador tiene diversas responsabilidades. La primera de ellas es representar a todas las personas del estado por el que ha sido elegido. Además, y entre otras cosas, es responsable de aprobar los nombramientos del Presidente para formar parte del Gabinete, de la Corte Suprema de Justicia, o de aprobar cualquier tratado que el Presidente suscriba con otros países.

**PREGUNTAS Y RESPUESTAS
DE EDUCACIÓN CÍVICA**

> LECCIÓN DE
> CIUDADANÍA 25

Why do some states have more Representatives than other states?
*(Because of) the state population. /
(Because) they have more people. /
(Because) some states have more people.*

*¿Por qué tienen algunos estados
más representantes que otros?
Debido a la población del estado. /
Porque tienen más gente. /
Debido a que algunos estados tienen más gente.*

El número de representantes de cada estado en la Cámara de Representantes depende de la población del estado. De esta manera, California, con una gran población, tiene muchos representantes; en cambio, Alaska, con una población menor, tiene menos representantes.

**CIUDADANÍA AMERICANA
¡SÚPER FÁCIL!**

LECCIÓN DE
CIUDADANÍA **26**

We elect a President for how many years?

Four (4).

¿De cuántos años es el término de elección de un presidente?
Cuatro (4).

En Estados Unidos las elecciones presidenciales tienen lugar cada cuatro años y el candidato elegido puede optar a ser reelegido sólo para un segundo mandato. La Constitución recoge tres requerimientos para presentarse como candidato presidencial:
    a) Haber nacido como ciudadano de los Estados Unidos.
    b) Ser mayor de 35 años.
    c) Haber sido residente en los Estados Unidos durante, al menos, 14 años.

**PREGUNTAS Y RESPUESTAS
DE EDUCACIÓN CÍVICA**

LECCIÓN DE CIUDADANÍA 27 ✱ 65/20

In what month do we vote for President?

November.

¿En qué mes votamos por un nuevo presidente? Noviembre.

Las elecciones presidenciales tienen lugar en el mes de noviembre y el candidato elegido jura el cargo y realiza la toma de posesión del mismo en el mes de enero posterior a las elecciones.

**CIUDADANÍA AMERICANA
¡SÚPER FÁCIL!**

LECCIÓN DE
CIUDADANÍA 28 ✱ 65/20

What is the name of the current President of the United States?

To answer this question you must include the last name or the first and last name of the current President of the United States.

¿Cómo se llama el actual Presidente de los Estados Unidos?
Para responder a esta pregunta hay que decir el apellido o nombre y apellido del actual Presidente de los Estados Unidos.

Visite www.MariaGarcia.us para encontrar el nombre del actual Presidente de los Estados Unidos.

**PREGUNTAS Y RESPUESTAS
DE EDUCACIÓN CÍVICA**

LECCIÓN DE
CIUDADANÍA 29

What is the name of the current Vice President of the United States?

To answer this question you must include the last name or the first and last name of the current Vice President of the United States.

¿Cómo se llama el actual Vicepresidente de los Estados Unidos?
Para responder a esta pregunta hay que decir el apellido o nombre y apellido del actual Vicepresidente de los Estados Unidos.

Visite **www.MariaGarcia.us** para encontrar el nombre del actual Vicepresidente de los Estados Unidos.

**CIUDADANÍA AMERICANA
¡SÚPER FÁCIL!**

LECCIÓN DE
CIUDADANÍA 30

If the President can no longer serve, who becomes President?

The Vice President.

*Si el Presidente ya no puede cumplir sus funciones, ¿quién se vuelve Presidente?
El Vicepresidente.*

La Constitución recoge que si el Presidente no puede desarrollar sus funciones, muere, dimite o es apartado del cargo, el Vicepresidente asume la presidencia del país. Este hecho ya se ha repetido varias veces en la historia de los Estados Unidos.

**PREGUNTAS Y RESPUESTAS
DE EDUCACIÓN CÍVICA**

LECCIÓN DE
CIUDADANÍA 31

If both the President and the Vice President can no longer serve, who becomes President?

The Speaker of the House.

Si tanto el Presidente como el Vicepresidente ya no pueden cumplir sus funciones, ¿quién se vuelve Presidente?
El Presidente de la Cámara de Representantes.

La Cámara está presidida por el "Speaker" (Presidente de la Cámara de Representantes), que es quien asumiría la presidencia del país en caso de incapacidad del Presidente y del Vicepresidente, al ser el tercer cargo de más rango del país.

CIUDADANÍA AMERICANA ¡SÚPER FÁCIL!

LECCIÓN DE CIUDADANÍA 32

Who is the Commander in Chief of the military?

The President.

¿Quién es el Comandante en Jefe de las Fuerzas Armadas?
El Presidente.

En su cargo como dirigente del país, el Presidente es la cabeza del ejecutivo y, entre sus responsabilidades, está el ser Comandante en Jefe de las Fuerzas Armadas. En este papel el Presidente da órdenes al ejército.

PREGUNTAS Y RESPUESTAS DE EDUCACIÓN CÍVICA

> LECCIÓN DE CIUDADANÍA 33

Who signs bills to become laws?
The President.

¿Quién firma los proyectos de ley para convertirlos en leyes?
El Presidente.

Otra de las responsabilidades del Presidente es firmar los proyectos de ley que provienen del Congreso para que se conviertan en leyes propiamente dichas.

CIUDADANÍA AMERICANA ¡SÚPER FÁCIL!

> LECCIÓN DE CIUDADANÍA 34

Who vetoes bills?
The President.

¿Quién veta los proyectos de ley?
El Presidente.

El Presidente tiene la facultad tanto de firmar los proyectos de ley para convertirlos en leyes como de vetarlos, es decir, oponerse a ellos. En este caso, los proyectos de ley vuelven al Congreso, que decidirá si votarlos de nuevo o asumir el veto del Presidente.

**PREGUNTAS Y RESPUESTAS
DE EDUCACIÓN CÍVICA**

LECCIÓN DE
CIUDADANÍA 35

What does the President's Cabinet do?

Advises the President.

*¿Qué hace el Gabinete del Presidente?
Asesora al Presidente.*

El Presidente cuenta con un grupo de asesores que conforman el llamado Gabinete. Los miembros que lo forman, y que lideran diferentes departamentos del ejecutivo, son expertos en sus respectivos campos y su principal responsabilidad es asesorar al Presidente en la toma de decisiones importantes. Hay 15 miembros en el Gabinete, además del Vicepresidente, y la mayoría de ellos tienen el nombre de "Secretario".

**CIUDADANÍA AMERICANA
¡SÚPER FÁCIL!**

LECCIÓN DE
CIUDADANÍA 36

What are two Cabinet-level positions?

Secretary of Agriculture, Secretary of Commerce, Secretary of Defense, Secretary of Education, Secretary of Energy, Secretary of Health and Human Services, Secretary of Homeland Security, Secretary of Housing and Urban Development, Secretary of the Interior, Secretary of Labor, Secretary of State, Secretary of Transportation, Secretary of the Treasury, Secretary of Veterans Affairs, Attorney General, Vice President.

*¿Cuáles son dos puestos a nivel de Gabinete?
Secretario de Agricultura, Secretario de Comercio, Secretario de Defensa, Secretario de Educación, Secretario de Energía, Secretario de Salud y Servicios Humanos, Secretario de Seguridad Nacional, Secretario de Vivienda y Desarrollo Urbano, Secretario del Interior, Secretario de Trabajo, Secretario de Estado, Secretario de Transporte, Secretario del Tesoro, Secretario de Asuntos de Veteranos, Procurador General, Vicepresidente.*

En este caso se solicita que se nombren dos de los distintos puestos que se acaban de enumerar.

PREGUNTAS Y RESPUESTAS DE EDUCACIÓN CÍVICA

LECCIÓN DE CIUDADANÍA 37

What does the judicial branch do?
Reviews laws / Explains laws / Resolves disputes (disagreements) / Decides if a law goes against the Constitution.

¿Qué hace la rama judicial?
Revisa leyes. / Explica las leyes. / Resuelve disputas (desacuerdos). / Decide si una ley va en contra de la Constitución.

Además de revisar y explicar las leyes y resolver disputas, la principal misión del poder judicial es asegurar que ninguna ley viole la Constitución. Si una ley va en contra de la Constitución, se denomina "anticonstitucional".

**CIUDADANÍA AMERICANA
¡SÚPER FÁCIL!**

LECCIÓN DE
CIUDADANÍA 38

What is the highest court in the United States?

The Supreme Court.

*¿Cuál es el tribunal más alto de los Estados Unidos?
La Corte Suprema de Justicia.*

La Corte Suprema de Justicia es el tribunal más alto y de última instancia del país y su papel en el gobierno federal es el de explicar el significado de la Constitución cuando revisa leyes. Si alguien no está conforme con una ley puede desafiarla en el tribunal. Si la Corte Suprema acuerda que la ley sigue los principios recogidos en la Constitución, se mantiene como ley; pero si decide que la ley no sigue la Constitución, la ley es derogada (invalidada). Sus decisiones afectan a toda la población de los Estados Unidos y son definitivas, por lo que todas las demás leyes han de someterse a ellas.

PREGUNTAS Y RESPUESTAS DE EDUCACIÓN CÍVICA

LECCIÓN DE CIUDADANÍA 39

How many justices are on the Supreme Court?

Visit www.MariaGarcia.us for the number of justices on the Supreme Court.

¿Cuántos jueces hay en la Corte Suprema de Justicia?
Visite www.MariaGarcia.us para saber el número de jueces en la Corte Suprema.

Los redactores de la Constitución querían que los jueces de la Corte Suprema tomaran decisiones judiciales basadas en la ley y no en la política. Por lo tanto, estos jueces no son elegidos, sino nombrados por el Presidente y aprobados por el Senado. Su cargo es vitalicio o hasta que ellos se jubilen.

Visite www.MariaGarcia.us para saber el número de jueces en la Corte Suprema.

**CIUDADANÍA AMERICANA
¡SÚPER FÁCIL!**

LECCIÓN DE
CIUDADANÍA 40

Who is the current Chief Justice of the United States?

To answer this question you must include the last name or the first and last name of the current Chief Justice of the United States.

¿Quién es el Presidente actual de la Corte Suprema de Justicia de los Estados Unidos?
Para responder a esta pregunta hay que decir el apellido o nombre y apellido del actual Presidente de la Corte Suprema de los Estados Unidos.

El Presidente de la Corte Suprema de los Estados Unidos es el cargo de rango más alto del poder legislativo en el país. Como el juez de mayor grado del país, entre otras ocupaciones, guía los asuntos de la Corte y preside el Senado en los casos de "impeachment" o proceso de incapacitación del Presidente de Estados Unidos. Su cargo es vitalicio.

Visite **www.MariaGarcia.us** para encontrar el nombre del actual Presidente de la Corte Suprema de Justicia de los Estados Unidos.

PREGUNTAS Y RESPUESTAS DE EDUCACIÓN CÍVICA

> LECCIÓN DE CIUDADANÍA 41

Under our Constitution, some powers belong to the federal government. What is one power of the federal government?

To print money / To declare war / to create an army / To make treaties.

De acuerdo a nuestra Constitución, algunos poderes pertenecen al gobierno federal. ¿Cuál es un poder del gobierno federal?
Imprimir dinero / Declarar la guerra / Crear un ejército / Suscribir tratados.

El gobierno federal tiene poderes sobre ciertos asuntos, pero otros son competencia de los estados. Entre los poderes del gobierno federal están los citados en la respuesta a la pregunta.

**CIUDADANÍA AMERICANA
¡SÚPER FÁCIL!**

> LECCIÓN DE
> CIUDADANÍA 42

Under our Constitution, some powers belong to the states. What is one power of the states?
Provide schooling and education /
Provide protection (police) /
Provide safety (fire departments) /
Give a driver's license /
Approve zoning and land use.

*De acuerdo a nuestra constitución, algunos poderes pertenecen a los estados. ¿Cuál es un poder de los estados?
Proveer escuelas y educación / Proveer protección (policía) / Proveer seguridad (cuerpos de bomberos) / Conceder licencias de conducir / Aprobar la zonificación y uso de la tierra.*

Los diferentes estados tienen poderes sobre ciertos asuntos, pero otros son competencia del gobierno federal. Entre los poderes de los estados están los citados en la respuesta a la pregunta.

**PREGUNTAS Y RESPUESTAS
DE EDUCACIÓN CÍVICA**

LECCIÓN DE
CIUDADANÍA 43

Who is the Governor of your state now?

Answers will vary. [District of Columbia residents should answer that D.C. does not have a Governor].

¿Quién es el gobernador actual de su estado?
Las respuestas variarán. [Los residentes del Distrito de Columbia deben decir "No tenemos gobernador"].

La respuesta variará dependiendo de la persona que se encuentre ejerciendo el cargo de gobernador del estado en el momento determinado en que se pregunte.

Visite **www.MariaGarcia.us** para encontrar el nombre del actual gobernador de su estado.

**CIUDADANÍA AMERICANA
¡SÚPER FÁCIL!**

LECCIÓN DE
CIUDADANÍA 44 ✲ 65/20

What is the capital of your state?

Answers will vary. [District of Columbia residents should answer that D.C. is not a state and does not have a capital. Residents of U.S. territories should name the capital of the territory].

*¿Cuál es la capital de su estado?
Las respuestas variarán. [Los residentes del Distrito de Columbia deben contestar que el D.C. no es estado y que no tiene capital. Los residentes de los territorios de los Estados Unidos deben dar el nombre de la capital del territorio].*

La respuesta variará dependiendo del estado donde resida la persona a la que se le dirija la pregunta.

**PREGUNTAS Y RESPUESTAS
DE EDUCACIÓN CÍVICA**

LECCIÓN DE
CIUDADANÍA 45 ✱ 65/20

What are the two major political parties in the United States?

Democratic and Republican.

¿Cuáles son los dos principales partidos políticos de los Estados Unidos?
Demócrata y Republicano.

Los dos principales partidos políticos de los Estados Unidos son el Partido Demócrata y el Partido Republicano. Estos partidos tienen diferentes opiniones sobre la manera de dirigir el gobierno del país y símbolos populares que los identifican. Así, el símbolo del Partido Demócrata es un burro y el del Partido Republicano, un elefante.

**CIUDADANÍA AMERICANA
¡SÚPER FÁCIL!**

LECCIÓN DE
CIUDADANÍA 46

What is the political party of the current President?

To answer this question you must name the political party of the current President of the United States.

*¿Cuál es el partido político del Presidente actual?
Para responder a esta pregunta hay que decir el partido político al que pertenece el actual Presidente de los Estados Unidos.*

Para llegar a ser presidente, el candidato ha de pasar por varios procesos. En primer lugar, las elecciones primarias de su partido, donde se eligen los delegados para la convención del mismo. A esta convención llegan varios aspirantes y es donde formalmente se elige al candidato del partido para las elecciones presidenciales. Finalmente, ya elegido candidato por su partido, se enfrentará por la presidencia del país a los candidatos seleccionados por otros partidos (normalmente, al candidato del otro partido mayoritario).

Visite www.MariaGarcia.us para conocer el partido político del actual Presidente de los Estados Unidos.

**PREGUNTAS Y RESPUESTAS
DE EDUCACIÓN CÍVICA**

> LECCIÓN DE
> CIUDADANÍA 47

What is the name of the current Speaker of the House of Representatives?

To answer this question you must include the last name or the first and last name of the current Speaker of the House of Representatives.

¿Cómo se llama el Presidente actual de la Cámara de Representantes?
Para responder a esta pregunta hay que decir el apellido o nombre y apellido del actual Presidente de la Cámara de Representantes.

El Presidente de la Cámara de Representantes es una de las personalidades políticas más importantes de los Estados Unidos y es elegido habitualmente por el partido con mayoría en la cámara. Su mandato es de dos años y puede optar a sucesivas reelecciones.

Visite **www.MariaGarcia.us** para conocer el nombre del actual Presidente de la Cámara de Representantes de los Estados Unidos.

CIUDADANÍA AMERICANA ¡SÚPER FÁCIL!

LECCIÓN DE CIUDADANÍA **48**

There are four amendments to the Constitution about who can vote. Describe one of them.

Citizens eighteen (18) or older (can vote). / You don't have to pay (a poll tax) to vote. / Any citizen can vote. (Women and men can vote). / A male citizen of any race (can vote).

Existen cuatro enmiendas a la Constitución sobre quién puede votar. Describa una de ellas.
Ciudadanos de dieciocho (18) años en adelante (pueden votar). / No se exige pagar un impuesto para votar (el impuesto para acudir a las urnas o "poll tax" en inglés). / Cualquier ciudadano puede votar. (Tanto las mujeres como los hombres pueden votar). / Un hombre ciudadano de cualquier raza (puede votar).

> Sobre el derecho al voto se han realizado diferentes enmiendas a la Constitución. Citando una de ellas, hay que recordar que, por ejemplo, los esclavos no tenían derecho al voto. Tras la Proclamación de Emancipación se abolió la esclavitud y la población negra obtuvo la libertad, la ciudadanía y el derecho al voto (año 1870).

PREGUNTAS Y RESPUESTAS DE EDUCACIÓN CÍVICA

LECCIÓN DE CIUDADANÍA 49 ✱ 65/20

What is one responsibility that is only for United States citizens?

Serve on a jury. / Vote in a federal election.

¿Cuál es una responsabilidad que corresponde sólo a los ciudadanos de los Estados Unidos? Prestar servicio en un jurado. / Votar en una elección federal.

En los Estados Unidos hay responsabilidades que sólo pueden desempeñar los ciudadanos del país. Tal es el caso de ser llamado a formar parte de un jurado o votar en unas elecciones federales.

**CIUDADANÍA AMERICANA
¡SÚPER FÁCIL!**

LECCIÓN DE CIUDADANÍA 50

Name one right only for United States citizens.

Vote in a federal election. / Run for federal office.

*¿Cuál es un derecho que pueden ejercer sólo los ciudadanos de los Estados Unidos?
Votar en una elección federal. /
Postularse a un cargo político federal.*

En los Estados Unidos hay derechos que sólo pueden ejercer los ciudadanos del país. Tal es el caso de votar en unas elecciones federales o postularse como candidato para un cargo político a nivel federal.

PREGUNTAS Y RESPUESTAS DE EDUCACIÓN CÍVICA

LECCIÓN DE CIUDADANÍA 51

What are two rights of everyone living in the United States?

Freedom of expression
Freedom of speech
Freedom of assembly
Freedom to petition the government
Freedom of worship
The right to bear arms

¿Cuáles son dos derechos que pueden ejercer todas las personas que viven en los Estados Unidos?
Libertad de expresión
Libertad de la palabra
Libertad de reunión
Libertad de para peticionar al gobierno
Libertad de culto
El derecho a portar armas

En los Estados Unidos hay derechos que pueden ejercer todos los ciudadanos que residan en el país. Tal es el caso de gozar de libertad de expresión, de la palabra, de reunión, de culto religioso, de peticionar al gobierno y de portar armas. Para la respuesta sólo hace falta citar dos de ellos.

**CIUDADANÍA AMERICANA
¡SÚPER FÁCIL!**

LECCIÓN DE
CIUDADANÍA 52

What do we show loyalty to when we say the Pledge of Allegiance?
The flag / The United States.

¿Ante quién demostramos nuestra lealtad cuando decimos el Juramento de Lealtad?
La bandera / Los Estados Unidos.

El Juramento de Lealtad dice lo siguiente: "Juro lealtad a la bandera de los Estados Unidos de América y a la República que representa, una nación al amparo de Dios, indivisible, con libertad y justicia para todos."

PREGUNTAS Y RESPUESTAS DE EDUCACIÓN CÍVICA

> LECCIÓN DE CIUDADANÍA 53

What is one promise you make when you become a United States citizen?

Give up loyalty to other countries.
Defend the Constitution and laws of the United States.
Obey the laws of the United States.
Serve in the U.S. military (if needed).
Serve (do important work for) the nation (if needed).
Be loyal to the United States.

¿Cuál es una promesa que usted hace cuando se convierte en ciudadano de los Estados Unidos?
Renunciar la lealtad a otros países.
Defender la Constitución y las leyes de los Estados Unidos.
Obedecer las leyes de los Estados Unidos.
Prestar servicio en las Fuerzas Armadas de los Estados Unidos (de ser necesario).
Prestar servicio a (realizar trabajo importante para) la nación (de ser necesario).
Ser leal a los Estados Unidos.

Al realizar el Juramento de Lealtad, la persona se compromete a ser leal a los Estados Unidos, renunciando a la lealtad a otros países, a apoyar y obedecer la Constitución y las leyes de los Estados Unidos, así como prestar servicio militar o civil a la nación en caso de ser necesario.

**CIUDADANÍA AMERICANA
¡SÚPER FÁCIL!**

LECCIÓN DE
CIUDADANÍA 54 ✸ 65/20

How old do citizens have to be to vote for President?

Eighteen (18) and older.

¿Cuántos años tienen que tener los ciudadanos para votar por el Presidente?
Dieciocho (18) años en adelante.

Para ejercer el voto en unas elecciones presidenciales el ciudadano ha de tener dieciocho años como mínimo, según queda recogido en la Constitución a través de la Enmienda XXVI.

PREGUNTAS Y RESPUESTAS DE EDUCACIÓN CÍVICA

> LECCIÓN DE CIUDADANÍA 55

What are two ways that Americans can participate in their democracy?

Vote / Join a political party / Help with a campaign / Join a civic group / Join a community group / Give an elected official your opinion on an issue / Call Senators and Representatives / Publicly support or oppose an issue or policy / Run for office / Write to a newspaper

¿Cuáles son dos maneras mediante las cuales los ciudadanos americanos pueden participar en su democracia? Votar / Afiliarse a un partido político / Ayudar en una campaña / Unirse a un grupo cívico / Unirse a un grupo comunitario / Presentar su opinión sobre un asunto a un oficial elegido / Llamar a los senadores y representantes / Apoyar u oponerse públicamente a un asunto o política / Postularse a un cargo político / Enviar una carta o mensaje a un periódico.

Los estadounidenses pueden participar en el juego democrático de diversas maneras, tanto a nivel político como civil o social, pudiendo ejercer su derecho al voto o de reunión, estar en contacto con senadores y representantes, apoyar u oponerse públicamente a algún tema o presentarse como candidato a un cargo político.

**CIUDADANÍA AMERICANA
¡SÚPER FÁCIL!**

LECCIÓN DE
CIUDADANÍA 56 65/20

When is the last day you can send in federal income tax forms?

April 15.

¿Cuál es la fecha límite para enviar la declaración federal de impuesto sobre el ingreso?
El 15 de abril.

Como residente permanente en los Estados Unidos, se tiene la obligación de presentar una declaración de impuestos federales sobre la renta todos los años. Esta declaración incluye sus ingresos desde el mes de enero hasta el mes de diciembre del año anterior y debe ser enviada el 15 de abril como fecha límite.

PREGUNTAS Y RESPUESTAS DE EDUCACIÓN CÍVICA

LECCIÓN DE CIUDADANÍA 57

When must all men register for the Selective Service?

At age eighteen (18).
Between eighteen (18) and twenty-six (26).

¿Cuándo deben inscribirse todos los hombres en el Servicio Selectivo?
A la edad de dieciocho (18) años.
Entre los dieciocho (18) y los veintiséis (26) años de edad.

Los varones de entre 18 y 26 años de edad tienen la obligación de inscribirse en el Sistema de Servicio Selectivo de las Fuerzas Armadas de los Estados Unidos. Con su inscripción, se indica al gobierno que se está en condiciones de ingresar en el servicio militar. Actualmente el servicio militar no es obligatorio en los Estados Unidos y los residentes permanentes y ciudadanos no están obligados a servir en las Fuerzas Armadas, a menos que lo deseen hacer.

**CIUDADANÍA AMERICANA
¡SÚPER FÁCIL!**

LECCIÓN DE
CIUDADANÍA 58

What is one reason colonists came to America?

Freedom / Political liberty / Religious freedom / Economic opportunity / Practice their religion / Escape persecution.

¿Cuál es una razón por la que los colonos vinieron a los Estados Unidos?
Libertad / Libertad política / Libertad religiosa / Oportunidad económica / Para practicar su religión / Para huir de la persecución.

Muchos colonos vinieron en pos de libertades políticas o para ejercer el derecho de practicar su religión. Otros vinieron en busca de oportunidades económicas, las cuales no existían en sus lugares de origen. Para ellos, las colonias americanas significaban una nueva oportunidad de vida y la libertad para vivir como deseaban.

PREGUNTAS Y RESPUESTAS DE EDUCACIÓN CÍVICA

> LECCIÓN DE CIUDADANÍA 59

Who lived in America before the Europeans arrived?

American Indians / Native Americans.

¿Quiénes vivían en los Estados Unidos antes de la llegada de los europeos?
Indios americanos / Nativos americanos.

Cuando llegaron los europeos, en este territorio vivían tribus de indios como los Navajo, Sioux, Cherokee y Seminoles. A su llegada, los colonos se establecieron en un área donde vivía la tribu Wampanoag.

**CIUDADANÍA AMERICANA
¡SÚPER FÁCIL!**

LECCIÓN DE CIUDADANÍA 60

What group of people was taken to America and sold as slaves?
Africans / People from Africa.

¿Qué pueblo fue traído a los Estados Unidos y vendido como esclavos?
Africanos / Gente de África.

Para servir como esclavos en los territorios que actualmente ocupa los Estados Unidos se llevaron a muchas personas de distintos lugares de África.
La esclavitud en los Estados Unidos comenzó poco tiempo después de la colonización británica, iniciada en Colonia de Virginia en 1607. Como institución legal duró hasta la aprobación de la Decimotercera Enmienda a la Constitución de los Estados Unidos, en 1865.

PREGUNTAS Y RESPUESTAS DE EDUCACIÓN CÍVICA

> LECCIÓN DE CIUDADANÍA 61

Why did the colonists fight the British?
Because of high taxes (taxation without representation). Because the British army stayed in their houses (boarding, quartering). Because they didn't have self-government.

¿Por qué lucharon los colonos contra los británicos?
Debido a los impuestos altos (impuestos sin representación).
El ejército británico se quedó en sus casas (alojamiento, acuartelamiento).
No tenían autodeterminación.

En el siglo XVIII los colonos se rebelaron contra Gran Bretaña, alegando abuso de poder y que este país no respetaba sus derechos en diversos aspectos. Querían liberarse y declarar su independencia, logrando finalmente su autodeterminación.

**CIUDADANÍA AMERICANA
¡SÚPER FÁCIL!**

LECCIÓN DE
CIUDADANÍA **62**

Who wrote the Declaration of Independence?

(Thomas) Jefferson.

¿Quién escribió la Declaración de Independencia?
(Thomas) Jefferson.

Thomas Jefferson fue un importante dirigente en la historia de los Estados Unidos. Nació en Virginia en 1743 y, entre otras cosas, redactó la Declaración de Independencia. Asimismo, Jefferson fue el tercer presidente del país.

**PREGUNTAS Y RESPUESTAS
DE EDUCACIÓN CÍVICA**

> LECCIÓN DE
> CIUDADANÍA 63

When was the Declaration of Independence adopted?

July 4, 1776.

*¿Cuándo fue adoptada la Declaración de Independencia?
El 4 de Julio de 1776.*

El 4 de julio de 1776 se adoptó la Declaración de Independencia, a partir de que el Segundo Congreso Continental designara a Jefferson y a otras personas para elaborarla. En este documento se señalaba que si un gobierno no protege los derechos del pueblo, éste está posibilitado a crear un nuevo gobierno. A partir de esta idea los colonos rompieron con sus gobernantes británicos y formaron una nueva nación.

**CIUDADANÍA AMERICANA
¡SÚPER FÁCIL!**

LECCIÓN DE
CIUDADANÍA 64

There were 13 original states. Name three.

New Hampshire, Massachusetts, Rhode Island, Connecticut, New York, New Jersey, Pennsylvania, Delaware, Maryland, Virginia, North Carolina, South Carolina, Georgia.

Había 13 estados originales. Nombre tres.
Nueva Hampshire, Massachusetts, Rhode Island, Connecticut, Nueva York, Nueva Jersey, Pensilvania, Delaware, Maryland, Virginia, Carolina del Norte, Carolina del Sur, Georgia.

> Estos 13 estados eran colonias bajo el gobierno británico antes de que los Estados Unidos se convirtieran en un país independiente. La historia de cada una de estas colonias era muy diferente, pero se unieron para formar un solo país. Para responder, basta citar tres de estos estados.

PREGUNTAS Y RESPUESTAS DE EDUCACIÓN CÍVICA

> LECCIÓN DE CIUDADANÍA 65

What happened at the Constitutional Convention?„
The Constitution was written. / The Founding Fathers wrote the Constitution.

¿Qué ocurrió en la Convención Constitucional?
Se redactó la Constitución. / Los Padres Fundadores redactaron la Constitución.

Tras la Revolución Americana, los estados probaron diversas maneras de unirse por medio de un gobierno central, pero éste era demasiado débil. Con el objetivo de crear un gobierno centralizado más fuerte, representantes de cada estado se reunieron en Filadelfia en 1787. Esta reunión fue la denominada Convención Constitucional. Tras extensos debates, los líderes de estos estados redactaron un documento que describía al nuevo gobierno: la Constitución.

**CIUDADANÍA AMERICANA
¡SÚPER FÁCIL!**

LECCIÓN DE
CIUDADANÍA 66

When was the Constitution written?
1787.

¿Cuándo fue escrita la Constitución?
1787.

La Constitución fue escrita en 1787 en la Convención Constitucional celebrada en Filadelfia (Pensilvania).

PREGUNTAS Y RESPUESTAS DE EDUCACIÓN CÍVICA

> LECCIÓN DE CIUDADANÍA 67

The Federalist Papers supported the passage of the U.S. Constitution. Name one of the writers.
(James) Madison / (Alexander) Hamilton / (John) Jay / Publius.

Los ensayos conocidos como "Los federalistas" respaldaron la aprobación de la Constitución de los Estados Unidos. Nombre uno de los autores.
(James) Madison / (Alexander) Hamilton / (John) Jay / Publius.

El proceso de ratificación de la Constitución no fue fácil y aquellos que lo favorecían, los Federalistas, se defendieron de sus opositores, convencidos de que el rechazo a la Constitución provocaría anarquía y desorden civil. Madison, Hamilton y Jay, grupo apodado "Publius", escribieron ensayos en periódicos de Nueva York, conocidos como "Los federalistas", en los que analizaban la Constitución, detallaban el pensamiento de los que la escribieron y respondían a los críticos anti-federalistas.

**CIUDADANÍA AMERICANA
¡SÚPER FÁCIL!**

LECCIÓN DE CIUDADANÍA 68

What is one thing Benjamin Franklin is famous for?

U.S. diplomat / Oldest member of the Constitutional Convention / First Postmaster General of the United States / Writer of "Poor Richard's Almanac" / Started the first free libraries.

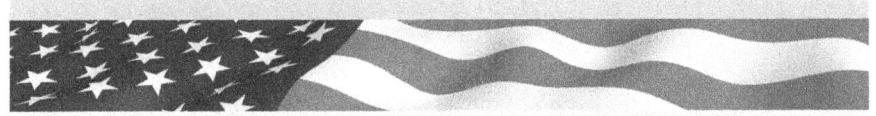

Mencione una razón por la que es famoso Benjamin Franklin.
Diplomático Americano / El miembro de mayor edad de la Convención Constitucional / Primer Director General de Correos de los Estados Unidos / Autor de "Poor Richard's Almanac" (Almanaque del Pobre Richard) / Fundó las primeras bibliotecas gratuitas.

Benjamin Franklin es un personaje muy famoso en la historia de los Estados Unidos. Tuvo muchas ideas para el país y, además, por su carácter polifacético, fue diplomático en Francia, primer Director General de Correos, el miembro de más edad de la Convención Constitucional, firmante de la Constitución de los Estados Unidos, escritor del famoso "Poor Richard's Almanac", inventor, etc.

PREGUNTAS Y RESPUESTAS DE EDUCACIÓN CÍVICA

LECCIÓN DE CIUDADANÍA 69

Who is the "Father of Our Country"?
(George) Washington.

¿Quién se le conoce como el "Padre de Nuestra Nación"?
(George) Washington.

Las colonias norteamericanas tuvieron que luchar por su libertad contra Gran Bretaña en la Guerra de la Revolución Americana. El General George Washington asumió el mando de las fuerzas armadas de la Revolución Americana. Su liderazgo fue muy importante durante la transición entre la guerra y la estabilidad bajo el nuevo gobierno. Washington ayudó en el esfuerzo para crear una Constitución y fue elegido líder de la convención que se constituyó para la elaboración de la misma. Por estos motivos se le conoce como el "Padre de Nuestra Nación" o "Padre de la Patria".

**CIUDADANÍA AMERICANA
¡SÚPER FÁCIL!**

LECCIÓN DE
CIUDADANÍA 70 ✷ 65/20

Who was the first President?
(George) Washington.

¿Quién fue el primer Presidente?
(George) Washington.

George Washington fue designado y elegido como primer Presidente de los Estados Unidos por sus méritos y aportación a la independencia del país y al proceso constituyente de la nueva nación, jurando el cargo el 30 de abril de 1789.

PREGUNTAS Y RESPUESTAS DE EDUCACIÓN CÍVICA

LECCIÓN DE CIUDADANÍA 71

What territory did the United States buy from France in 1803?
The Louisiana Territory. / Louisiana.

¿Qué territorio compró los Estados Unidos a Francia en 1803?
El territorio de Louisiana. / Louisiana.

La compra de la Louisiana fue una transacción comercial mediante la cual Napoleón Bonaparte, entonces Primer Cónsul francés, vendió a Estados Unidos en 1803 más de dos millones de kilómetros cuadrados de posesiones francesas en América del Norte, por un precio total de 15 millones de dólares.

**CIUDADANÍA AMERICANA
¡SÚPER FÁCIL!**

LECCIÓN DE
CIUDADANÍA 72

Name one war fought by the United States in the 1800s.

*War of 1812 /
Mexican-American War /
Civil War / Spanish-American War.*

Mencione una guerra durante los años 1800 en la que peleó los Estados Unidos.
La Guerra de 1812 / La Guerra entre México y los Estados Unidos / La Guerra Civil / La Guerra Hispanoamericana.

El siglo XIX fue convulso en cuanto a guerras en las que tomó parte Estados Unidos. Así, se enfrentó a Gran Bretaña en la Guerra de 1812 (también denominada Guerra Anglo-Americana); a México entre 1846 y 1848; se enfrentaron las fuerzas de la Unión (estados del Norte) contra los recién formados Estados Confederados de América (estados del Sur) en la Guerra de Secesión o Guerra Civil, entre 1861 y 1865; o contra España en la Guerra Hispano-Estadounidense, en 1898.

**PREGUNTAS Y RESPUESTAS
DE EDUCACIÓN CÍVICA**

> LECCIÓN DE
> CIUDADANÍA 73

Name the U.S. war between the North and the South.

*The Civil War /
The War between the States.*

*Dé el nombre de la guerra entre el Norte
y el Sur de los Estados Unidos.
La Guerra Civil / La Guerra entre Estados.*

La guerra entre el Norte y el Sur enfrentó a las fuerzas de la Unión (estados del Norte) contra los Estados Confederados de América (estados del Sur). Es la conocida como Guerra Civil, entre Estados o de Secesión, y tuvo lugar entre 1861 y 1865.

**CIUDADANÍA AMERICANA
¡SÚPER FÁCIL!**

LECCIÓN DE
CIUDADANÍA 74

Name one problem that led to the Civil War.

Slavery / Economic reasons /
States' rights.

*Mencione un problema que condujo a la Guerra Civil.
Esclavitud / Razones económicas / Derechos de los estados.*

Entre las razones que condujeron a la Guerra Civil se encuentra la esclavitud, pretendida por los estados del Sur y negada por los estados del Norte; que el Sur reclamara más derechos de autogobierno para los estados, incluso su separación de los Estados Unidos, al contrario de lo pretendido por el Norte; o razones de índole económica, con unos estados del Norte más desarrollados que los del Sur.

PREGUNTAS Y RESPUESTAS DE EDUCACIÓN CÍVICA

LECCIÓN DE CIUDADANÍA 75 ✱65/20

What was one important thing that Abraham Lincoln did?

Freed the slaves (Emancipation Proclamation) / Saved (or preserved) the Union / Led the United States during de Civil War.

¿Qué fue una cosa importante que hizo Abraham Lincoln? Liberó a los esclavos (Proclamación de la Emancipación) / Salvó (o preservó) la Unión / Presidió los Estados Unidos durante la Guerra Civil.

Lincoln fue Presidente de los Estados Unidos entre 1861 y 1865, por lo que dirigió el país durante la Guerra Civil, librada entre esos años, preservando así la integridad de la nación. Además, entre sus grandes aportaciones está el que, en 1863, firmó la Proclamación de la Emancipación, por la que los esclavos quedaban liberados.

CIUDADANÍA AMERICANA ¡SÚPER FÁCIL!

> LECCIÓN DE CIUDADANÍA 76

What did the Emancipation Proclamation do?

Freed the slaves / Freed slaves in the Confederacy / Freed slaves in the Confederate states / Freed slaves in most Southern states.

¿Qué hizo la Proclamación de la Emancipación?
Liberó a los esclavos / Liberó a los esclavos de la Confederación / Liberó a los esclavos en los estados de la Confederación / Liberó a los esclavos en la mayoría de los estados del sur.

La Proclamación de Emancipación, realizada y firmada por Abraham Lincoln en 1863, declaraba el fin de la esclavitud y, por tanto, la liberación de los esclavos, en la totalidad de los estados que conformaban los Estados Confederados de América.

PREGUNTAS Y RESPUESTAS DE EDUCACIÓN CÍVICA

> LECCIÓN DE CIUDADANÍA 77

What did Susan B. Anthony do?
Fought for women's rights. / Fought for civil rights.

¿Qué hizo Susan B. Anthony?
Luchó por los derechos de la mujer. /
Luchó por los derechos civiles.

Susan Brownell Anthony (1820-1906) fue una feminista, líder del movimiento estadounidense a favor de los derechos civiles. Tuvo un papel muy relevante en la lucha por los derechos de la mujer en el siglo XIX y para garantizar el derecho al voto de las mismas en los Estados Unidos.

**CIUDADANÍA AMERICANA
¡SÚPER FÁCIL!**

LECCIÓN DE
CIUDADANÍA 78 ✱ 65/20

Name one war fought by the United States in the 1900s.

*World War I / World War II /
Korean War / Vietnam War /
(Persian) Gulf War.*

*Mencione una guerra durante los años 1900
en la que peleó los Estados Unidos.
La Primera Guerra Mundial / La Segunda Guerra
Mundial / La Guerra de Corea / La Guerra de Vietnam /
La Guerra del Golfo (Persa).*

En el siglo XX los Estados Unidos tomaron parte en distintos conflictos bélicos. Así, luchó en la Primera Guerra Mundial (1914-1918), en la Segunda Guerra Mundial (1939-1945), en la Guerra de Corea (1950-1953), en la Guerra de Vietnam (1959-1975), o en la Guerra del Golfo (1990-1991).

PREGUNTAS Y RESPUESTAS DE EDUCACIÓN CÍVICA

LECCIÓN DE CIUDADANÍA 79

Who was President during World War I?

(Woodrow) Wilson.

¿Quién era Presidente durante la Primera Guerra Mundial? (Woodrow) Wilson.

Woodrow Wilson ocupó el cargo de Presidente de los Estados Unidos entre 1913 y 1921, siendo el mandatario que dirigió el país durante la Primera Guerra Mundial, que tuvo lugar entre 1914 y 1918.

**CIUDADANÍA AMERICANA
¡SÚPER FÁCIL!**

LECCIÓN DE
CIUDADANÍA 80

Who was President during the Great Depression and World War II?

(Franklin) Roosevelt.

¿Quién era Presidente durante la Gran Depresión y la Segunda Guerra Mundial?
(Franklin) Roosevelt.

Franklin Roosevelt ocupó el cargo de Presidente de los Estados Unidos entre 1933 y 1945, siendo el mandatario que dirigió el país durante la Segunda Guerra Mundial, que tuvo lugar entre 1939 y 1945, y durante la mayor parte del período conocido como la Gran Depresión, desarrollado entre 1929 y 1939.

PREGUNTAS Y RESPUESTAS DE EDUCACIÓN CÍVICA

LECCIÓN DE CIUDADANÍA 81

Who did the United States fight in World War II?

Japan, Germany, and Italy.

¿Contra qué países peleó los Estados Unidos en la Segunda Guerra Mundial?
Japón, Alemania e Italia.

Entre los mayores contendientes contra los que se enfrentó Estados Unidos (como parte de las Fuerzas Aliadas) en la Segunda Guerra Mundial están Japón, por su política expansionista, y tanto la Alemania nazi como la Italia fascista, que eran parte de las denominadas Potencias del Eje.

CIUDADANÍA AMERICANA ¡SÚPER FÁCIL!

LECCIÓN DE CIUDADANÍA 82

Before he was President, Eisenhower was a general. What war was he in?

World War II.

Antes de ser Presidente, Eisenhower era general.
¿En qué guerra participó?
Segunda Guerra Mundial.

Dwight David Eisenhower fue, durante la Segunda Guerra Mundial, el comandante supremo de las tropas de los Aliados en el Frente Occidental del Teatro Europeo, ostentando el rango de general del Ejército.

PREGUNTAS Y RESPUESTAS DE EDUCACIÓN CÍVICA

LECCIÓN DE CIUDADANÍA 83

During the Cold War, what was the main concern of the United States?

Communism.

Durante la Guerra Fría, ¿cuál era la principal preocupación de los Estados Unidos?
Comunismo.

La Guerra Fría designa esencialmente la larga y abierta rivalidad que enfrentó a EE.UU. y la Unión Soviética y sus respectivos aliados tras la segunda guerra mundial. Este conflicto fue la clave de las relaciones internacionales durante casi medio siglo y se libró en los frentes político, económico y propagandístico, y, muy limitadamente, en el frente militar. La posible expansión del comunismo era la principal preocupación de los Estados Unidos.

**CIUDADANÍA AMERICANA
¡SÚPER FÁCIL!**

LECCIÓN DE
CIUDADANÍA 84

What movement tried to end racial discrimination?

Civil rights (movement).

¿Qué movimiento trató de poner fin a
la discriminación racial?
(El movimiento en pro de los) derechos civiles.

A principios del siglo XX la segregación racial era la norma en el sur de Estados Unidos, y las oportunidades para los ciudadanos afroestadounidenses eran limitadas. Sin embargo, en los años 50 una confluencia de fuerzas potenció una vigorosa campaña en favor de los derechos civiles.

PREGUNTAS Y RESPUESTAS DE EDUCACIÓN CÍVICA

LECCIÓN DE CIUDADANÍA 85 ✱ 65/20

What did Martin Luther King, Jr. do?
Fought for civil rights. / Worked for equality for all Americans.

¿Qué hizo Martin Luther King, Jr.?
Luchó por los derechos civiles. / Trabajó por la igualdad de todos los ciudadanos americanos.

El pastor Martin Luther King Jr., un orador elocuente influido por las ideas de resistencia no violenta promovidas por Mahatma Gandhi en la India, lideró el movimiento en pro de los derechos civiles para lograr la igualdad para todos los estadounidenses.

**CIUDADANÍA AMERICANA
¡SÚPER FÁCIL!**

LECCIÓN DE
CIUDADANÍA 86

What major event happened on September 11, 2001, in the United States?
Terrorists attacked the United States.

*¿Qué suceso de gran magnitud ocurrió el
11 de septiembre de 2001 en los Estados Unidos?
Los terroristas atacaron los Estados Unidos.*

El 11 de septiembre de 2001 tuvieron lugar unos atentados en contra de los Estados Unidos por parte de un grupo de terroristas. En esos atentados, varios aviones fueron utilizados para ser estrellados contra dos grandes edificios de la ciudad de Nueva York, las Torres Gemelas, provocando su derrumbe, así como contra el Pentágono, cayendo además otra aeronave en Pensilvania.

PREGUNTAS Y RESPUESTAS DE EDUCACIÓN CÍVICA

> LECCIÓN DE CIUDADANÍA 87

Name one American Indian tribe in the United States.

[USCIS Officers will be supplied with a list of federally recognized American Indian tribes.] Cherokee, Navajo, Sioux, Chippewa, Choctaw, Pueblo, Apache, Iroquois, Creek, Blackfeet, Seminole, Cheyenne, Arawak, Shawnee, Mohegan, Huron, Oneida, Lakota, Crow, Teton, Hopi, Inuit.

Mencione una tribu de indios americanos de los Estados Unidos. [A los oficiales del USCIS se les dará una lista de tribus amerindias reconocidas a nivel federal.] Cherokee, Navajo, Sioux, Chippewa, Choctaw, Pueblo, Apache, Iroquois, Creek, Blackfeet, Seminole, Cheyenne, Arawak, Shawnee, Mohegan, Huron, Oneida, Lakota, Crow, Teton, Hopi, Inuit.

La respuesta a esta pregunta es múltiple, pudiendo elegir dos tribus de entre las que se encuentran en el listado.

**CIUDADANÍA AMERICANA
¡SÚPER FÁCIL!**

LECCIÓN DE
CIUDADANÍA 88

Name one of the two longest rivers in the United States.
Missouri (River) / Mississippi (River).

*Mencione uno de los dos ríos más largos de los Estados Unidos.
(El río) Missouri / (El río) Mississippi.*

Los dos ríos más largos de los Estados Unidos son el río Missouri, con 3.768 kilómetros (2.341 millas) y el río Mississippi, con 3.544 metros (2.202 millas).

PREGUNTAS Y RESPUESTAS DE EDUCACIÓN CÍVICA

> LECCIÓN DE CIUDADANÍA 89

What ocean is on the West Coast of the United States?

Pacific (Ocean).

¿Qué océano está en la costa oeste de los Estados Unidos?
(El océano) Pacífico.

El océano Pacífico es la frontera natural de la costa oeste de los Estados Unidos.

**CIUDADANÍA AMERICANA
¡SÚPER FÁCIL!**

LECCIÓN DE
CIUDADANÍA 90

What ocean is on the East Coast of the United States?

Atlantic (Ocean).

¿Qué océano está en la costa este
de los Estados Unidos?
(El océano) Atlántico.

El océano Atlántico es la frontera natural de la costa este de los Estados Unidos.

PREGUNTAS Y RESPUESTAS DE EDUCACIÓN CÍVICA

LECCIÓN DE CIUDADANÍA 91

Name one U.S. territory.
Puerto Rico / U.S. Virgin Islands / American Samoa / Northern Mariana Islands / Guam.

Dé el nombre de un territorio de los Estados Unidos. Puerto Rico / Islas Vírgenes de los Estados Unidos / Samoa Americana / Islas Marianas del Norte / Guam.

Los denominados "territorios de los Estados Unidos" se encuentran fuera del territorio continental y fueron mayoritariamente adquiridos a otras naciones por medio de tratados que tuvieron lugar en distintos momentos de la historia. Entre estos territorios se encuentran Puerto Rico, las Islas Vírgenes de los Estados Unidos, Samoa Americana, las Islas Marianas del Norte y Guam.

**CIUDADANÍA AMERICANA
¡SÚPER FÁCIL!**

> LECCIÓN DE
> CIUDADANÍA 92

Name one state that borders Canada.

Maine, New Hampshire, Vermont, New York, Pennsylvania, Ohio, Michigan, Minnesota, North Dakota, Montana, Idaho, Washington, Alaska.

Mencione un estado que tiene frontera con Canadá.
Maine, Nueva Hampshire, Vermont, Nueva York, Pensilvania, Ohio, Michigan, Minnesota, Dakota del Norte, Montana, Idaho, Washington, Alaska.

Con casi 9.000 kilómetros de longitud, la frontera con Canadá la comparten los estados citados.

PREGUNTAS Y RESPUESTAS DE EDUCACIÓN CÍVICA

LECCIÓN DE CIUDADANÍA 93

Name one state that borders Mexico.
California, Arizona, New Mexico, Texas.

Mencione un estado que tiene frontera con México. California, Arizona, Nuevo México, Texas.

Con casi 3.500 kilómetros de longitud, la frontera con México la comparten los estados citados.

**CIUDADANÍA AMERICANA
¡SÚPER FÁCIL!**

LECCIÓN DE
CIUDADANÍA 94 * 65/20

What is the capital of the United States?

Washington, D.C.

*¿Cuál es la capital de los Estados Unidos?
Washington, D.C.*

Washington D.C. es un "distrito" creado por el Congreso de los Estados Unidos en 1790 como lugar de encuentro y transacciones para los asuntos de gobierno. Originalmente era una porción cuadrada de tierra de 10 millas de lado entre Virginia y Maryland. La nombraron el Distrito de Columbia y designaron que allí se construyera la nueva ciudad capital, llamada Washington en honor a uno de los padres fundadores de nuestro país y su primer presidente.

PREGUNTAS Y RESPUESTAS DE EDUCACIÓN CÍVICA

LECCIÓN DE CIUDADANÍA 95 ✱ 65/20

Where is the Statue of Liberty?

New York (Harbor) / Liberty Island / [Also acceptable are New Jersey, near New York City, and on the Hudson (River).]

¿Dónde está la Estatua de la Libertad?
(El puerto de) Nueva York / Liberty Island / [Otras respuestas aceptables son Nueva Jersey, cerca de la Ciudad de Nueva York y (el río) Hudson.]

La Estatua de la Libertad, que fue un regalo del pueblo francés al estadounidense para conmemorar el centenario de la Declaración de Independencia de los Estados Unidos y como un signo de amistad entre las dos naciones, se encuentra en Liberty Island, en el puerto de Nueva York, junto a la desembocadura del río Hudson.

**CIUDADANÍA AMERICANA
¡SÚPER FÁCIL!**

> LECCIÓN DE
> CIUDADANÍA 96

Why does the flag have 13 stripes?
Because there were 13 original colonies. / Because the stripes represent the original colonies.

*¿Por qué hay 13 franjas en la bandera?
Porque representan las 13 colonias originales. /
Porque las franjas representan las colonias originales.*

En 1818 el Congreso determinó que la bandera nacional tuviera 13 franjas para honrar a los 13 estados originales, independientemente de los que se pudieran incorporar al país en el futuro.

PREGUNTAS Y RESPUESTAS DE EDUCACIÓN CÍVICA

LECCIÓN DE CIUDADANÍA 97 ✱ 65/20

Why does the flag have 50 stars?

Because there is one star for each state. / Because each star represents a state. / Because there are 50 states.

¿Por qué hay 50 estrellas en la bandera?
Porque hay una estrella por cada estado. / Porque cada estrella representa un estado. / Porque hay 50 estados.

Cada estrella de la bandera de los Estados Unidos representa un estado, por lo que las 50 estrellas representan a los 50 estados de la nación. Esta es la razón por la que el número de estrellas en la bandera ha cambiado a lo largo de los años, desde 13 a 50.

**CIUDADANÍA AMERICANA
¡SÚPER FÁCIL!**

LECCIÓN DE
CIUDADANÍA 98

What is the name of the national anthem?

The Star-Spangled Banner.

*¿Cómo se llama el himno nacional?
The Star-Spangled Banner.*

Durante la Guerra de 1812 el ejército británico bombardeó el Fuerte McHenry, que protegía la ciudad de Baltimore. Un americano llamado Francis Scott Key pensó que el fuerte iba a ser derribado. Al amanecer del día siguiente Key vio que la bandera americana estaba aún flameando, demostrando así que los Estados Unidos no habían sido derrotados. Entonces escribió la letra que posteriormente se usó para "The Star-Spangled Banner".

**PREGUNTAS Y RESPUESTAS
DE EDUCACIÓN CÍVICA**

LECCIÓN DE
CIUDADANÍA 99 ✷ 65/20

When do we celebrate Independence Day?

July 4.

*¿Cuándo celebramos el Día de la Independencia?
El 4 de Julio.*

La Declaración de Independencia se firmó el 4 de julio de 1776. Por esta razón los estadounidenses celebramos el Día de la Independencia el 4 de julio todos los años. Se trata del natalicio de nuestra nación.

**CIUDADANÍA AMERICANA
¡SÚPER FÁCIL!**

> LECCIÓN DE
> CIUDADANÍA 100

Name two national U.S. holidays.
New Year's Day / Martin Luther King, Jr. Day / Presidents' Day / Memorial Day / Independence Day / Labor Day / Columbus Day / Veterans Day / Thanksgiving / Christmas.

Mencione dos días feriados nacionales de los Estados Unidos.
El Día de Año Nuevo / El Día de Martin Luther King, Jr. / El Día de los Presidentes / El Día de la Recordación / El Día de la Independencia / El Día del Trabajo / El Día de la Raza (Cristóbal Colón) / El Día de los Veteranos / El Día de Acción de Gracias / El Día de Navidad.

La respuesta a esta pregunta es múltiple, pudiendo elegir dos días feriados de entre los que se encuentran en el listado.

PARTE 2

Practique las preguntas y respuestas de educación cívica del Examen de Naturalización.
En inglés y español.

A continuación encontrará 100 preguntas y respuestas de educación cívica (historia y gobierno de EE.UU.) del examen de naturalización. El examen de educación cívica es un examen oral durante el cual el oficial de USCIS le hará 10 de estas 100 preguntas. El solicitante debe contestar correctamente 6 de las 10 preguntas para aprobar la sección de educación cívica del examen de naturalización.

En el examen de naturalización, algunas respuestas varían y pueden cambiar por motivo de elecciones o nombramientos. Los solicitantes deben tener conocimiento de las respuestas actuales a estas preguntas. Los solicitantes deben contestar estas preguntas con el nombre del oficial o funcionario que sirve en el puesto al momento de su entrevista con USCIS. El oficial de USCIS no aceptará una respuesta equivocada.

Aunque USCIS reconoce que podría haber otras respuestas correctas a las 100 preguntas sobre educación cívica, recomendamos al solicitante responder usando las respuestas que se proveen aquí.

[65/20] Preguntas para la Exención 65/20: Si usted tiene 65 años o más y ha sido residente permanente legal de los Estados Unidos por 20 años o más, usted sólo necesita estudiar las preguntas marcadas con un asterisco ([65/20]). Existen otras excepciones y modificaciones de los requisitos de naturalización disponibles para las personas elegibles. USCIS también provee arreglos para las personas con discapacidades. Conozca más en **www.MariaGarcia.us**

Las 100 preguntas del Examen de Naturalización están divididas en 3 grandes temas, cada uno subdividido en 3 secciones a su vez.

1) **Gobierno estadounidense (preguntas 1 a 57)**
   A: Principios de la democracia estadounidense (preguntas 1 a 12)
   B: Sistema de gobierno (preguntas 13 a 47)
   C: Derechos y responsabilidades (preguntas 48 a 57)
2) **Historia estadounidense (preguntas 58 a 87)**
   A: Época colonial e independencia (preguntas 58 a 70)
   B: Los años 1800 (preguntas 71 a 77)
   C: Historia estadounidense reciente y otra información histórica importante (preguntas 78 a 87)
3) **Educación cívica integrada (preguntas 88 a 100)**
   A: Geografía (preguntas 88 a 95)
   B: Símbolos (preguntas 96 a 98)
   C: Días feriados (preguntas 99 y 100)

1) **American Government (questions 1 thru 57)**
   A: Principles of American Democracy (questions 1 a 12)
   B: System of Government (questions 13 a 47)
   C: Rights and Responsibilities (questions 48 a 57)
2) **American History (questions 58 a 87)**
   A: Colonial Period and Independence (questions 58 a 70)
   B: 1800s (questions 71 a 77)
   C: Recent American History and Other Important Historical Information (questions 78 a 87)
3) **Integrated Civics (questions 88 a 100)**
   A: Geography (questions 88 a 95)
   B: Symbols (questions 96 a 98)
   C: Holidays (questions 99 y 100)

**CIUDADANÍA AMERICANA
¡SÚPER FÁCIL!**

100

preguntas y respuestas de educación cívica del Examen de Naturalización. En inglés y español.

A continuación, practique para el test de educación cívica de la siguiente forma:

1) Lea en voz alta cada pregunta del test (páginas derechas). Puede leerlas de forma correlativa -en el orden que están escritas- o eligiendo las preguntas al azar.

2) Diga en voz alta la respuesta a la pregunta que recién leyó.

3) Compruebe la respuesta volteando la página (páginas izquierdas).

Repita el proceso tantas veces como le resulte necesario para sentirse seguro de que puede superar el test. Idealmente, repita el proceso hasta que no cometa ningún error.

* If you are 65 years old or older and have been a legal permanent resident of the United States for 20 or more years, you may study just the questions that have been marked with an asterisk.

PRACTICA EL TEST

1. What is the supreme law of the land?
¿Cuál es la ley suprema de la nación?

2. What does the Constitution do?
¿Qué hace la Constitución?

3. The idea of self-government is in the first three words of the Constitution. What are these words?
Las primeras tres palabras de la Constitución contienen la idea de la autodeterminación (de que el pueblo se gobierna a sí mismo). ¿Cuáles son estas palabras?

4. What is an amendment?
¿Qué es una enmienda?

5. What do we call the first ten amendments to the Constitution?
¿Con qué nombre se conocen las primeras diez enmiendas a la Constitución?

*Si usted tiene 65 años o más y ha sido residente permanente legal de los Estados Unidos por 20 años o más, usted sólo necesita estudiar las preguntas marcadas con un asterisco (*).

CIUDADANÍA AMERICANA ¡SÚPER FÁCIL!

1 the Constitution
la Constitución

2 sets up the government
defines the government
protects basic rights of Americans
*establece el gobierno
define el gobierno
protege los derechos básicos de los ciudadanos*

3 We the People
Nosotros el Pueblo

4 a change (to the Constitution)
an addition (to the Constitution)
*un cambio (a la Constitución)
una adición (a la Constitución)*

5 the Bill of Rights
la Carta de Derechos

* If you are 65 years old or older and have been a legal permanent resident of the United States for 20 or more years, you may study just the questions that have been marked with an asterisk.

PRACTICA EL TEST

PREGUNTA 6

What is one right or freedom from the First Amendment?
¿Cuál es un derecho o libertad que la Primera Enmienda garantiza?

★ 65/20

PREGUNTA 7

How many amendments does the Constitution have?
¿Cuántas enmiendas tiene la Constitución?

PREGUNTA 8

What did the Declaration of Independence do?
¿Qué hizo la Declaración de Independencia?

PREGUNTA 9

What are two rights in the Declaration of Independence?
¿Cuáles son dos derechos en la Declaración de la Independencia?

PREGUNTA 10

What is freedom of religion?
¿En qué consiste la libertad de religión?

*Si usted tiene 65 años o más y ha sido residente permanente legal de los Estados Unidos por 20 años o más, usted sólo necesita estudiar las preguntas marcadas con un asterisco (*).

CIUDADANÍA AMERICANA ¡SÚPER FÁCIL!

6 speech, religion, assembly, press, petition the government
expresión, religión, reunión, prensa, peticionar al gobierno

7 twenty-seven (27)
veintisiete (27)

8 announced our independence (from Great Britain)
declared our independence (from Great Britain)
said that the United States is free (from Great Britain)
*anunció nuestra independencia (de Gran Bretaña)
declaró nuestra independencia (de Gran Bretaña)
dijo que los Estados Unidos se independizó (de Gran Bretaña)*

9 life, liberty, pursuit of happiness
la vida, la libertad, la búsqueda de la felicidad

10 You can practice any religion, or not practice a religion.
Se puede practicar cualquier religión o no tener ninguna.

* If you are 65 years old or older and have been a legal permanent resident of the United States for 20 or more years, you may study just the questions that have been marked with an asterisk.

PRACTICA EL TEST

11. What is the economic system in the United States?
¿Cuál es el sistema económico de los Estados Unidos?
* 65/20

12. What is the "rule of law"?
¿En qué consiste el "estado de derecho" (ley y orden)?

13. Name one branch or part of the government.
Nombre una rama o parte del gobierno.
* 65/20

14. What stops one branch of government from becoming too powerful?
¿Qué es lo que hace que una rama del gobierno no se vuelva demasiado poderosa?

15. Who is in charge of the executive branch?
¿Quién está a cargo de la rama ejecutiva?

*Si usted tiene 65 años o más y ha sido residente permanente legal de los Estados Unidos por 20 años o más, usted sólo necesita estudiar las preguntas marcadas con un asterisco (*).

**CIUDADANÍA AMERICANA
¡SÚPER FÁCIL!**

11
capitalist economy
market economy
*economía capitalista
economía del mercado*

12
Everyone must follow the law.
Leaders must obey the law.
Government must obey the law.
No one is above the law.
*Todos deben obedecer la ley.
Los líderes deben obedecer la ley.
El gobierno debe obedecer la ley.
Nadie está por encima de la ley.*

13
Congress / legislative
President / executive
the courts / judicial
*Congreso / Poder legislativo
Presidente / Poder ejecutivo
los tribunales / Poder judicial*

14
checks and balances
separation of powers
*pesos y contrapesos
separación de poderes*

15
the President
el Presidente

* If you are 65 years old or older and have been a legal permanent resident of the United States for 20 or more years, you may study just the questions that have been marked with an asterisk.

PRACTICA EL TEST

16 Who makes federal laws?
¿Quién crea las leyes federales?

17 What are the two parts of the U.S. Congress?
¿Cuáles son las dos partes que integran el Congreso de los Estados Unidos?

* 65/20

18 How many U.S. Senators are there?
¿Cuántos senadores de los Estados Unidos hay?

19 We elect a U.S. Senator for how many years?
¿De cuántos años es el término de elección de un senador de los Estados Unidos?

20 Who is one of your state's U.S. Senators now?
Nombre a uno de los senadores actuales del estado donde usted vive.

* 65/20

*Si usted tiene 65 años o más y ha sido residente permanente legal de los Estados Unidos por 20 años o más, usted sólo necesita estudiar las preguntas marcadas con un asterisco (*).

CIUDADANÍA AMERICANA ¡SÚPER FÁCIL!

16
Congress
Senate and House (of Representatives)
(U.S. or national) legislature
el Congreso
el Senado y la Cámara (de Representantes)
la legislatura (nacional o de los Estados Unidos)

17
the Senate and House (of Representatives)
el Senado y la Cámara (de Representantes)

18
one hundred (100)
cien (100)

19
six (6)
seis (6)

20
Answers will vary. [District of Columbia residents and residents of U.S. territories should answer that D.C. (or the territory where the applicant lives) has no U.S. Senators.]
Las respuestas variarán. [Los residentes del Distrito de Columbia y los territorios de los Estados Unidos deberán contestar que el D.C. (o territorio en donde vive el solicitante) no cuenta con Senadores a nivel nacional.]

* If you are 65 years old or older and have been a legal permanent resident of the United States for 20 or more years, you may study just the questions that have been marked with an asterisk.

PRACTICA EL TEST

21 The House of Representatives has how many voting members?
¿Cuántos miembros votantes tiene la Cámara de Representantes?

22 We elect a U.S. Representative for how many years?
¿De cuántos años es el término de elección de un representante de los Estados Unidos?

23 Name your U.S. Representative.
Dé el nombre de su representante a nivel nacional.

24 Who does a U.S. Senator represent?
¿A quiénes representa un senador de los Estados Unidos?

25 Why do some states have more Representatives than other states?
¿Por qué tienen algunos estados más representantes que otros?

*Si usted tiene 65 años o más y ha sido residente permanente legal de los Estados Unidos por 20 años o más, usted sólo necesita estudiar las preguntas marcadas con un asterisco (*).

CIUDADANÍA AMERICANA
¡SÚPER FÁCIL!

21 cuatrocientos treinta y cinco (435)
four hundred thirty-five (435)

22 two (2)
dos (2)

23 Answers will vary. [Residents of territories with nonvoting Delegates or Resident Commissioners may provide the name of that Delegate or Commissioner.
Also acceptable is any statement that the territory has no (voting) Representatives in Congress.]
Las respuestas variarán. [Los residentes de territorios con delegados no votantes o los comisionados residentes pueden decir el nombre de dicho delegado o comisionado. Una respuesta que indica que el territorio no tiene representantes votantes en el Congreso también es aceptable.]

24 all people of the state
todas las personas del estado

25 (because of) the state's population
(because) they have more people
(because) some states have more people
*(debido a) la población del estado
(debido a que) tienen más gente
(debido a que) algunos estados tienen más gente*

* If you are 65 years old or older and have been a legal permanent resident of the United States for 20 or more years, you may study just the questions that have been marked with an asterisk.

PRACTICA EL TEST

PREGUNTA 26

We elect a President for how many years?
¿De cuántos años es el término de elección de un presidente?

PREGUNTA 27

In what month do we vote for President?
¿En qué mes votamos por un nuevo presidente?

★ 65/20

PREGUNTA 28

What is the name of the President of the United States now?
¿Cómo se llama el actual Presidente de los Estados Unidos?

★ 65/20

PREGUNTA 29

What is the name of the Vice President of the United States now?
¿Cómo se llama el actual Vicepresidente de los Estados Unidos?

PREGUNTA 30

If the President can no longer serve, who becomes President?
Si el Presidente ya no puede cumplir sus funciones, ¿quién se vuelve Presidente?

*Si usted tiene 65 años o más y ha sido residente permanente legal de los Estados Unidos por 20 años o más, usted sólo necesita estudiar las preguntas marcadas con un asterisco (*).

CIUDADANÍA AMERICANA ¡SÚPER FÁCIL!

26 four (4)
cuatro (4)

27 November
Noviembre

28 To answer this question you must include the last name or the first and last name of the current President of the United States.
Para responder a esta pregunta hay que decir el apellido o nombre y apellido del actual Presidente de los Estados Unidos.

29 To answer this question you must include the last name or the first and last name of the current Vice President of the United States.
Para responder a esta pregunta hay que decir el apellido o nombre y apellido del actual Vicepresidente de los Estados Unidos.

30 the Vice President
el Vicepresidente

* If you are 65 years old or older and have been a legal permanent resident of the United States for 20 or more years, you may study just the questions that have been marked with an asterisk.

PRACTICA EL TEST

31 If both the President and the Vice President can no longer serve, who becomes President?
Si tanto el Presidente como el Vicepresidente ya no pueden cumplir sus funciones, ¿quién se vuelve Presidente?

32 Who is the Commander in Chief of the military?
¿Quién es el Comandante en Jefe de las Fuerzas Armadas?

33 Who signs bills to become laws?
¿Quién firma los proyectos de ley para convertirlos en ley?

34 Who vetoes bills?
¿Quién veta los proyectos de ley?

35 What does the President's Cabinet do?
¿Qué hace el Gabinete del Presidente?

*Si usted tiene 65 años o más y ha sido residente permanente legal de los Estados Unidos por 20 años o más, usted sólo necesita estudiar las preguntas marcadas con un asterisco (∗).

CIUDADANÍA AMERICANA
¡SÚPER FÁCIL!

31 the Speaker of the House
el Presidente de la Cámara de Representantes

32 the President
el Presidente

33 the President
el Presidente

34 the President
el Presidente

35 advises the President
asesora al Presidente

* If you are 65 years old or older and have been a legal permanent resident of the United States for 20 or more years, you may study just the questions that have been marked with an asterisk.

PRACTICA EL TEST

36 What are two Cabinet-level positions?
¿Cuáles son dos puestos a nivel de gabinete?

37 What does the judicial branch do?
¿Qué hace la rama judicial?

38 What is the highest court in the United States?
¿Cuál es el tribunal más alto de los Estados Unidos?

39 How many justices are on the Supreme Court?
¿Cuántos jueces hay en la Corte Suprema de Justicia?

40 Who is the Chief Justice of the United States now?
¿Quién es el Presidente actual de la Corte Suprema de Justicia de los Estados Unidos?

CIUDADANÍA AMERICANA
¡SÚPER FÁCIL!

36

Secretary of Agriculture — *Secretario de Agricultura*
Secretary of Commerce — *Secretario de Comercio*
Secretary of Defense — *Secretario de Defensa*
Secretary of Education — *Secretario de Educación*
Secretary of Energy — *Secretario de Energía*
Secretary of Health and Human Services — *Secretario de Salud y Servicios Humanos*
Secretary of Homeland Security — *Secretario de Seguridad Nacional*
Secretary of Housing and Urban Development — *Secretario de Vivienda y Desarrollo Urbano*
Secretary of the Interior — *Secretario del Interior*
Secretary of Labor — *Secretario del Trabajo*
Secretary of State — *Secretario de Estado*
Secretary of Transportation — *Secretario de Transporte*
Secretary of the Treasury — *Secretario del Tesoro*
Secretary of Veterans Affairs — *Secretario de Asuntos de Veteranos*
Attorney General — *Procurador General*
Vice President — *Vicepresidente*

37

reviews laws, explains laws, resolves disputes (disagreements), decides if a law goes against the Constitution
revisa las leyes, explica las leyes, resuelve disputas (desacuerdos), decide si una ley va en contra de la Constitución

38

the Supreme Court / *la Corte Suprema de Justicia*

39

Answer saying the current number of justices on the Supreme Court / *Responda diciendo el actual número de jueces de la Corte Suprema.*

40

To answer this question you must include the last name or the first and last name of the current Chief Justice of the United States.
Para responder a esta pregunta hay que decir el apellido o nombre y apellido del actual Presidente de la Corte Suprema de los Estados Unidos.

---

* If you are 65 years old or older and have been a legal permanent resident of the United States for 20 or more years, you may study just the questions that have been marked with an asterisk.

PRACTICA EL TEST

41 Under our Constitution, some powers belong to the federal government. What is one power of the federal government?
De acuerdo a nuestra Constitución, algunos poderes pertenecen al gobierno federal.
¿Cuál es un poder del gobierno federal?

42 Under our Constitution, some powers belong to the states. What is one power of the states?
De acuerdo a nuestra Constitución, algunos poderes pertenecen a los estados. ¿Cuál es un poder de los estados?

43 Who is the Governor of your state now?
¿Quién es el gobernador actual de su estado?

44 What is the capital of your state?
¿Cuál es la capital de su estado?

45 What are the two major political parties in the United States?
¿Cuáles son los dos principales partidos políticos de los Estados Unidos?

*Si usted tiene 65 años o más y ha sido residente permanente legal de los Estados Unidos por 20 años o más, usted sólo necesita estudiar las preguntas marcadas con un asterisco (*).

CIUDADANÍA AMERICANA
¡SÚPER FÁCIL!

41
to print money / *imprimir dinero*
to declare war / *declarar la guerra*
to create an army / *crear un ejército*
to make treaties / *suscribir tratados*

42
provide schooling and education
provide protection (police)
provide safety (fire departments)
give a driver's license
approve zoning and land use
proveer escuelas y educación
proveer protección (policía)
proveer seguridad (cuerpos de bomberos)
conceder licencias de conducir
aprobar la zonificación y uso de la tierra

43
Answers will vary. [District of Columbia residents should answer that D.C. does not have a Governor.]
Las respuestas variarán. [Los residentes del Distrito de Columbia deben decir "no tenemos gobernador".]

44
Answers will vary. [District of Columbia residents should answer that D.C. is not a state and does not have a capital. Residents of U.S. territories should name the capital of the territory.]
Las respuestas variarán. [Los residentes del Distrito de Columbia deben contestar que el D.C. no es estado y que no tiene capital. Los residentes de los territorios de los Estados Unidos deben dar el nombre de la capital del territorio.]

45
Democratic and Republican / *Demócrata y Republicano*

* If you are 65 years old or older and have been a legal permanent resident of the United States for 20 or more years, you may study just the questions that have been marked with an asterisk.

PRACTICA EL TEST

46 What is the political party of the President now?
¿Cuál es el partido político del Presidente actual?

47 What is the name of the Speaker of the House of Representatives now?
¿Cómo se llama el Presidente actual de la Cámara de Representantes?

48 There are four amendments to the Constitution about who can vote. Describe one of them.
Existen cuatro enmiendas a la Constitución sobre quién puede votar. Describa una de ellas.

49 What is one responsibility that is only for United States citizens?
¿Cuál es una responsabilidad que corresponde sólo a los ciudadanos de los Estados Unidos?

★ 65/20

50 Name one right only for United States citizens.
¿Cuál es un derecho que pueden ejercer sólo los ciudadanos de los Estados Unidos?

*Si usted tiene 65 años o más y ha sido residente permanente legal de los Estados Unidos por 20 años o más, usted sólo necesita estudiar las preguntas marcadas con un asterisco (*).

CIUDADANÍA AMERICANA
¡SÚPER FÁCIL!

46 To answer this question you must name the political party of the current President of the United States.
Para responder a esta pregunta hay que decir el partido político al que pertenece el actual Presidente de los Estados Unidos.

47 To answer this question you must include the last name or the first and last name of the current Speaker of the House of Representatives.
Para responder a esta pregunta hay que decir el apellido o nombre y apellido del actual Presidente de la Cámara de Representantes.

48 Citizens eighteen (18) and older (can vote).
You don't have to pay (a poll tax) to vote.
Any citizen can vote. (Women and men can vote.)
A male citizen of any race (can vote).
*Ciudadanos de dieciocho (18) años en adelante (pueden votar).
No se exige pagar un impuesto para votar (el impuesto para acudir a las urnas o "poll tax" en inglés).
Cualquier ciudadano puede votar. (Tanto las mujeres como los hombres pueden votar).
Un hombre ciudadano de cualquier raza (puede votar).*

49 serve on a jury
vote in a federal election
*prestar servicio en un jurado
votar en una elección federal*

50 vote in a federal election
run for federal office
*votar en una elección federal
postularse a un cargo político federal*

* If you are 65 years old or older and have been a legal permanent resident of the United States for 20 or more years, you may study just the questions that have been marked with an asterisk.

PRACTICA EL TEST

51
What are two rights of everyone living in the United States?
¿Cuáles son dos derechos que pueden ejercer todas las personas que viven en los Estados Unidos?

52
What do we show loyalty to when we say the Pledge of Allegiance?
¿Ante qué demostramos nuestra lealtad cuando decimos el Juramento de Lealtad (Pledge of Allegiance)?

53
What is one promise you make when you become a United States citizen?
¿Cuál es una promesa que usted hace cuando se convierte en ciudadano de los Estados Unidos?

*Si usted tiene 65 años o más y ha sido residente permanente legal de los Estados Unidos por 20 años o más, usted sólo necesita estudiar las preguntas marcadas con un asterisco (*).

CIUDADANÍA AMERICANA
¡SÚPER FÁCIL!

51

freedom of expression
freedom of speech
freedom of assembly
freedom to petition the government
freedom of worship
the right to bear arms
libertad de expresión
libertad de la palabra
libertad de reunión
libertad para peticionar al gobierno
libertad de culto
el derecho a portar armas

52

the United States / the flag
los Estados Unidos / la bandera

53

give up loyalty to other countries
defend the Constitution and laws of the United States
obey the laws of the United States
serve in the U.S. military (if needed)
serve (do important work for) the nation (if needed)
be loyal to the United States
renunciar la lealtad a otros países
defender la Constitución y las leyes de los Estados Unidos
obedecer las leyes de los Estados Unidos
prestar servicio en las Fuerzas Armadas de los Estados Unidos (de ser necesario)
prestar servicio a (realizar trabajo importante para) la nación (de ser necesario)
ser leal a los Estados Unidos

---

* If you are 65 years old or older and have been a legal permanent resident of the United States for 20 or more years, you may study just the questions that have been marked with an asterisk.

PRACTICA EL TEST

54
How old do citizens have to be to vote for President?
¿Cuántos años tienen que tener los ciudadanos para votar por el Presidente?

✱ 65/20

55
What are two ways that Americans can participate in their democracy?
¿Cuáles son dos maneras mediante las cuales los ciudadanos americanos pueden participar en su democracia?

56
When is the last day you can send in federal income tax forms?
¿Cuál es la fecha límite para enviar la declaración federal de impuesto sobre el ingreso?

✱ 65/20

---

*Si usted tiene 65 años o más y ha sido residente permanente legal de los Estados Unidos por 20 años o más, usted sólo necesita estudiar las preguntas marcadas con un asterisco (*).

CIUDADANÍA AMERICANA
¡SÚPER FÁCIL!

54

eighteen (18) and older
dieciocho (18) años en adelante

55

vote
join a political party
help with a campaign
join a civic group
join a community group
give an elected official your opinion on an issue
call Senators and Representatives
publicly support or oppose an issue or policy
run for office
write to a newspaper
votar
afiliarse a un partido político
ayudar en una campaña
unirse a un grupo cívico
unirse a un grupo comunitario
presentar su opinión sobre un asunto a un oficial elegido
llamar a los senadores y representantes
apoyar u oponerse públicamente a un asunto o política
postularse a un cargo político
enviar una carta o mensaje a un periódico

56

April 15
el 15 de abril

* If you are 65 years old or older and have been a legal permanent resident of the United States for 20 or more years, you may study just the questions that have been marked with an asterisk.

PRACTICA EL TEST

57
When must all men register for the Selective Service?
¿Cuándo deben inscribirse todos los hombres en el Servicio Selectivo?

58
What is one reason colonists came to America?
¿Cuál es una razón por la que los colonos vinieron a los Estados Unidos?

59
Who lived in America before the Europeans arrived?
¿Quiénes vivían en los Estados Unidos antes de la llegada de los europeos?

60
What group of people was taken to America and sold as slaves?
¿Qué pueblo fue traído a los Estados Unidos y vendido como esclavos?

*Si usted tiene 65 años o más y ha sido residente permanente legal de los Estados Unidos por 20 años o más, usted sólo necesita estudiar las preguntas marcadas con un asterisco (*).

CIUDADANÍA AMERICANA ¡SÚPER FÁCIL!

57
at age eighteen (18)
between eighteen (18) and twenty-six (26)
a la edad de dieciocho (18) años
entre los dieciocho (18) y veintiséis (26) años de edad

58
freedom / *libertad*
political liberty / *libertad política*
religious freedom / *libertad religiosa*
economic opportunity / *oportunidad económica*
practice their religion / *para practicar su religión*
escape persecution / *para huir de la persecución*

59
American Indians
Native Americans
Indios americanos
Nativos americanos

60
Africans
people from Africa
Africanos
gente de África

* If you are 65 years old or older and have been a legal permanent resident of the United States for 20 or more years, you may study just the questions that have been marked with an asterisk.

PRACTICA EL TEST

61 Why did the colonists fight the British?
¿Por qué lucharon los colonos contra los británicos?

62 Who wrote the Declaration of Independence?
¿Quién escribió la Declaración de Independencia?

63 When was the Declaration of Independence adopted?
¿Cuándo fue adoptada la Declaración de Independencia?

64 There were 13 original states. Name three.
Había 13 estados originales. Nombre tres.

65 What happened at the Constitutional Convention?
¿Qué ocurrió en la Convención Constitucional?

*Si usted tiene 65 años o más y ha sido residente permanente legal de los Estados Unidos por 20 años o más, usted sólo necesita estudiar las preguntas marcadas con un asterisco (*).

CIUDADANÍA AMERICANA
¡SÚPER FÁCIL!

61
because of high taxes (taxation without representation)
because the British army stayed in their houses (boarding, quartering)
because they didn't have self-government
debido a los impuestos altos (impuestos sin representación)
el ejército británico se quedó en sus casas (alojamiento, acuartelamiento)
no tenían autodeterminación

62
(Thomas) Jefferson

63
July 4, 1776 / *el 4 de julio de 1776*

64
New Hampshire, Massachusetts, Rhode Island, Connecticut, New York, New Jersey, Pennsylvania, Delaware, Maryland, Virginia, North Carolina, South Carolina, Georgia
Nueva Hampshire, Massachusetts, Rhode Island, Connecticut, Nueva York, Nueva Jersey, Pensilvania, Delaware, Maryland, Virginia, Carolina del Norte, Carolina del Sur, Georgia

65
The Constitution was written.
The Founding Fathers wrote the Constitution.
Se redactó la Constitución.
Los Padres Fundadores redactaron la Constitución.

* If you are 65 years old or older and have been a legal permanent resident of the United States for 20 or more years, you may study just the questions that have been marked with an asterisk.

PRACTICA EL TEST

66 When was the Constitution written?
¿Cuándo fue escrita la Constitución?

67 The Federalist Papers supported the passage of the U.S. Constitution.
Name one of the writers.
Los ensayos conocidos como "Los Federalistas" respaldaron la aprobación de la Constitución de los Estados Unidos. Nombre uno de los autores.

68 What is one thing Benjamin Franklin is famous for?
Mencione una razón por la que es famoso Benjamin Franklin.

69 Who is the "Father of Our Country"?
¿Quién se conoce como el "Padre de Nuestra Nación"?

70 Who was the first President?
¿Quién fue el primer Presidente?

✱ 65/20

---

*Si usted tiene 65 años o más y ha sido residente permanente legal de los Estados Unidos por 20 años o más, usted sólo necesita estudiar las preguntas marcadas con un asterisco (✱).

CIUDADANÍA AMERICANA
¡SÚPER FÁCIL!

66
1787

67
(James) Madison
(Alexander) Hamilton
(John) Jay
Publius

68
U.S. diplomat
oldest member of the Constitutional Convention
first Postmaster General of the United States
writer of "Poor Richard's Almanac"
started the first free libraries
diplomático americano
el miembro de mayor edad de la Convención Constitucional
primer Director General de Correos de los Estados Unidos
autor de "Poor Richard's Almanac" (Almanaque del Pobre Richard)
fundó las primeras bibliotecas gratuitas

69
(George) Washington

70
(George) Washington

* If you are 65 years old or older and have been a legal permanent resident of the United States for 20 or more years, you may study just the questions that have been marked with an asterisk.

PRACTICA EL TEST

71 What territory did the United States buy from France in 1803?
¿Qué territorio compró los Estados Unidos de Francia en 1803?

72 Name one war fought by the United States in the 1800s.
Mencione una guerra durante los años 1800 en la que peleó los Estados Unidos.

73 Name the U.S. war between the North and the South.
Dé el nombre de la guerra entre el Norte y el Sur de los Estados Unidos.

74 Name one problem that led to the Civil War.
Mencione un problema que condujo a la Guerra Civil.

75 What was one important thing that Abraham Lincoln did?
¿Qué fue una cosa importante que hizo Abraham Lincoln?

★ 65/20

*Si usted tiene 65 años o más y ha sido residente permanente legal de los Estados Unidos por 20 años o más, usted sólo necesita estudiar las preguntas marcadas con un asterisco (*).

CIUDADANÍA AMERICANA ¡SÚPER FÁCIL!

71

the Louisiana Territory / *el territorio de Louisiana*
Louisiana / *Louisiana*

72

War of 1812
Mexican-American War
Civil War
Spanish-American War
la Guerra de 1812
la Guerra entre México y los Estados Unidos
la Guerra Civil
la Guerra Hispanoamericana

73

the Civil War / *la Guerra Civil*
the War between the States / *la Guerra entre los Estados*

74

slavery / *esclavitud*
economic reasons / *razones económicas*
states' rights / *derechos de los estados*

75

freed the slaves (Emancipation Proclamation)
saved (or preserved) the Union
led the United States during the Civil War
liberó a los esclavos (Proclamación de la Emancipación)
salvó (o preservó) la Unión
presidió los Estados Unidos durante la Guerra Civil

* If you are 65 years old or older and have been a legal permanent resident of the United States for 20 or more years, you may study just the questions that have been marked with an asterisk.

PRACTICA EL TEST

76 What did the Emancipation Proclamation do?
¿Qué hizo la Proclamación de la Emancipación?

77 What did Susan B. Anthony do?
¿Qué hizo Susan B. Anthony?

78 Name one war fought by the United States in the 1900s.
Mencione una guerra durante los años 1900 en la que peleó los Estados Unidos.
★ 65/20

79 Who was President during World War I?
¿Quién era presidente durante la Primera Guerra Mundial?

80 Who was President during the Great Depression and World War II?
¿Quién era presidente durante la Gran Depresión y la Segunda Guerra Mundial?

*Si usted tiene 65 años o más y ha sido residente permanente legal de los Estados Unidos por 20 años o más, usted sólo necesita estudiar las preguntas marcadas con un asterisco (*).

CIUDADANÍA AMERICANA
¡SÚPER FÁCIL!

76
freed the slaves
freed slaves in the Confederacy
freed slaves in the Confederate states
freed slaves in most Southern states
liberó a los esclavos
liberó a los esclavos de la Confederación
liberó a los esclavos en los estados de la Confederación
liberó a los esclavos en la mayoría de los estados del Sur

77
fought for women's rights
fought for civil rights
luchó por los derechos de la mujer
luchó por los derechos civiles

78
World War I / *la Primera Guerra Mundial*
World War II / *la Segunda Guerra Mundial*
Korean War / *la Guerra de Corea*
Vietnam War / *la Guerra de Vietnam*
(Persian) Gulf War / *la Guerra del Golfo (Persa)*

79
(Woodrow) Wilson

80
(Franklin) Roosevelt

* If you are 65 years old or older and have been a legal permanent resident of the United States for 20 or more years, you may study just the questions that have been marked with an asterisk.

PRACTICA EL TEST

81
Who did the United States fight in World War II?
¿Contra qué países peleó los Estados Unidos en la Segunda Guerra Mundial?

82
Before he was President, Eisenhower was a general. What war was he in?
Antes de ser presidente, Eisenhower era general. ¿En qué guerra participó?

83
During the Cold War, what was the main concern of the United States?
Durante la Guerra Fría, ¿cuál era la principal preocupación de los Estados Unidos?

84
What movement tried to end racial discrimination?
¿Qué movimiento trató de poner fin a la discriminación racial?

85
What did Martin Luther King, Jr. do?
¿Qué hizo Martin Luther King, Jr.?

✶ 65/20

CIUDADANÍA AMERICANA
¡SÚPER FÁCIL!

81 Japan, Germany, and Italy
Japón, Alemania e Italia

82 World War II
Segunda Guerra Mundial

83 Communism
Comunismo

84 civil rights (movement)
(el movimiento en pro de los) derechos civiles

85 fought for civil rights
worked for equality for all Americans
luchó por los derechos civiles
trabajó por la igualdad de todos los ciudadanos americanos

* If you are 65 years old or older and have been a legal permanent resident of the United States for 20 or more years, you may study just the questions that have been marked with an asterisk.

PRACTICA EL TEST

86 What major event happened on September 11, 2001, in the United States?
¿Qué suceso de gran magnitud ocurrió el 11 de septiembre de 2001 en los Estados Unidos?

87 Name one American Indian tribe in the United States.
Mencione una tribu de indios americanos de los Estados Unidos. [A los oficiales del USCIS se les dará una lista de tribus amerindias reconocidas a nivel federal.]

88 Name one of the two longest rivers in the United States.
Mencione uno de los dos ríos más largos en los Estados Unidos.

89 What ocean is on the West Coast of the United States?
¿Qué océano está en la costa oeste de los Estados Unidos?

90 What ocean is on the East Coast of the United States?
¿Qué océano está en la costa este de los Estados Unidos?

CIUDADANÍA AMERICANA ¡SÚPER FÁCIL!

86

Terrorists attacked the United States.
Los terroristas atacaron los Estados Unidos.

87

[USCIS Officers will be supplied with a list of federally recognized American Indian tribes.]
Cherokee, Navajo, Sioux, Chippewa, Choctaw, Pueblo, Apache, Iroquois, Creek, Blackfeet, Seminole, Cheyenne, Arawak, Shawnee, Mohegan, Huron, Oneida, Lakota, Crow, Teton, Hopi, Inuit
Cherokee, Navajo, Sioux, Chippewa, Choctaw, Pueblo, Apache, Iroquois, Creek, Blackfeet, Seminole, Cheyenne, Arawak, Shawnee, Mohegan, Huron, Oneida, Lakota, Crow, Teton, Hopi, Inuit

88

Missouri (River)
Mississippi (River)
(el río) Missouri
(el río) Mississippi

89

Pacific (Ocean)
(el océano) Pacífico

90

Atlantic (Ocean)
(el océano) Atlántico

---

* If you are 65 years old or older and have been a legal permanent resident of the United States for 20 or more years, you may study just the questions that have been marked with an asterisk.

PRACTICA EL TEST

91 Name one U.S. territory.
Dé el nombre de un territorio de los Estados Unidos.

92 Name one state that borders Canada.
Mencione un estado que tiene frontera con Canadá.

93 Name one state that borders Mexico.
Mencione un estado que tiene frontera con México.

94 What is the capital of the United States?
¿Cuál es la capital de los Estados Unidos?

✶ 65/20

95 Where is the Statue of Liberty?
¿Dónde está la Estatua de la Libertad?

✶ 65/20

---

*Si usted tiene 65 años o más y ha sido residente permanente legal de los Estados Unidos por 20 años o más, usted sólo necesita estudiar las preguntas marcadas con un asterisco (∗).

CIUDADANÍA AMERICANA
¡SÚPER FÁCIL!

91

Puerto Rico / *Puerto Rico*
U.S. Virgin Islands / *Islas Vírgenes de los Estados Unidos*
American Samoa / *Samoa Americana*
Northern Mariana Islands / *Islas Marianas del Norte*
Guam / *Guam*

92

Maine, New Hampshire, Vermont, New York, Pennsylvania, Ohio, Michigan, Minnesota, North Dakota, Montana, Idaho, Washington, Alaska
Maine, Nueva Hampshire, Vermont, Nueva York, PensIlvania, Ohio, Michigan, Minnesota, Dakota del Norte, Montana, Idaho, Washington, Alaska

93

California, Arizona, New Mexico, Texas
California, Arizona, Nuevo México, Texas

94

Washington, D.C.

95

New York (Harbor) / *(el puerto de) Nueva York*
Liberty Island / *Liberty Island*
[Also acceptable are New Jersey, near New York City, and on the Hudson (River).]
[Otras respuestas aceptables son Nueva Jersey, cerca de la Ciudad de Nueva York y (el río) Hudson.]

* If you are 65 years old or older and have been a legal permanent resident of the United States for 20 or more years, you may study just the questions that have been marked with an asterisk.

PRACTICA EL TEST

PREGUNTA 96
Why does the flag have 13 stripes?
¿Por qué hay 13 franjas en la bandera?

PREGUNTA 97
Why does the flag have 50 stars?
¿Por qué hay 50 estrellas en la bandera?

 65/20

PREGUNTA 98
What is the name of the national anthem?
¿Cómo se llama el himno nacional?

PREGUNTA 99
When do we celebrate Independence Day?
¿Cuándo celebramos el Día de la Independencia?

 65/20

PREGUNTA 100
Name two national U.S. holidays.
Mencione dos días feriados nacionales de los Estados Unidos.

---

*Si usted tiene 65 años o más y ha sido residente permanente legal de los Estados Unidos por 20 años o más, usted sólo necesita estudiar las preguntas marcadas con un asterisco (*).

CIUDADANÍA AMERICANA ¡SÚPER FÁCIL!

96

because there were 13 original colonies
because the stripes represent the original colonies
porque representan las 13 colonias originales
porque las franjas representan las colonias originales

97

because there is one star for each state
because each star represents a state
because there are 50 states
porque hay una estrella por cada estado
porque cada estrella representa un estado
porque hay 50 estados

98

The Star-Spangled Banner

99

July 4 / *el 4 de julio*

100

New Year's Day / *el Día de Año Nuevo*
Martin Luther King, Jr. Day / *el Día de Martin Luther King, Jr.*
Presidents' Day / *el Día de los Presidentes*
Memorial Day / *el Día de la Recordación*
Independence Day / *el Día de la Independencia*
Labor Day / *el Día del Trabajo*
Columbus Day / *el Día de la Raza (Cristóbal Colón)*
Veterans Day / *el Día de los Veteranos*
Thanksgiving / *el Día de Acción de Gracias*
Christmas / *el Día de Navidad*

* If you are 65 years old or older and have been a legal permanent resident of the United States for 20 or more years, you may study just the questions that have been marked with an asterisk.

Puede practicar el test de ciudadanía con recursos interactivos y audiovisuales en **www.MariaGarcia.us**

PARTE 3

Conozca la estructura del examen de inglés.

Por ley, el solicitante debe demostrar "un entendimiento del idioma inglés, incluyendo la capacidad de leer, escribir y hablar… palabras y frases simples… en el uso común en el idioma inglés". Esto significa que debe ser capaz de leer, escribir y hablar inglés básico con el fin de ser elegible a la naturalización. Se le requiere aprobar cada una de las tres partes del examen de inglés.

Parte de Lectura
La parte de lectura que se le administrará consiste en no más de tres oraciones. Deberá leer correctamente una de las tres oraciones para demostrar su capacidad de leer en inglés. Para ayudarle a prepararse, aprenda el vocabulario de lectura en **www.MariaGarcia.us.** Contiene todas las palabras que se usan para la parte de lectura de inglés del examen de naturalización. El contenido se enfoca en temas de educación cívica e historia.

Parte de Escritura
Para demostrar su habilidad de escribir en inglés, deberá escribir correctamente una de tres oraciones para demostrar su capacidad de escribir en inglés. Para ayudarle a prepararse, aprenda el vocabulario de escritura en **www.MariaGarcia.us**. Contiene todas las palabras que se usan para la parte de escritura en inglés del examen de naturalización. El contenido se enfoca en temas de educación cívica e historia.

Parte Oral

En su entrevista de naturalización, un oficial de USCIS determinará su habilidad de hablar inglés basándose en la conversación informal que mantendrá con usted a lo largo de la entrevista.

Existen excepciones y modificaciones de los requisitos de naturalización disponibles para las personas elegibles. USCIS también provee arreglos para las personas con discapacidades. Conozca más en **www.MariaGarcia.us**

TÍTULOS DE INGLÉS MARÍA GARCÍA

INGLÉS DE UNA VEZ
APRENDE INGLÉS DEPRISA
1000 PALABRAS CLAVE
INGLÉS MÓVIL
100 CLASES PARA DOMINAR EL INGLÉS

~•~

EL DESAFÍO DEL INGLÉS
INGLÉS SMS
CIUDADANÍA AMERICANA
PRONUNCIACIÓN FÁCIL:
LAS 134 REGLAS DEL INGLÉS AMERICANO
INGLÉS PARA HACER AMIGOS

~•~

INGLÉS PARA REDES SOCIALES
INGLÉS EN LA ESCUELA
INGLÉS PARA PACIENTES
HABLA SIN ACENTO
INGLÉS DE NEGOCIOS

~•~

INGLÉS PARA VIAJAR
INGLÉS PARA EL AUTO
APRENDE INGLÉS CON LOS FAMOSOS

www.ingramcontent.com/pod-product-compliance
Lightning Source LLC
Chambersburg PA
CBHW071507040426
42444CB00008B/1532